리눅스 핵심 레퍼런스

작지만 알찬, 곁에 두고 배우는 필수 명령어

Linux Pocket Guide
by Daniel J. Barrett

Authorized Korean translation of the English edition of Linux Pocket Guide 3rd Edition, ISBN 9781491927571 © 2016 Daniel Barrett

This translation is published and sold by permission of O'Reilly Media, Inc., which owns or controls all rights to publish and sell the same.

Korean translation edition © 2018 Insight Press

리눅스 핵심 레퍼런스: 작지만 알찬, 곁에 두고 배우는 필수 명령어

초판 1쇄 발행 2018년 1월 31일 **지은이** 대니얼 J. 바렛 **옮긴이** 진정원 **펴낸이** 한기성 **펴낸곳** 인사이트 **편집** 송우일 **본문 디자인** 윤영준 **제작·관리** 박미경 **표지출력** 소다미디어 **본문출력** 현문인쇄 **용지** 월드페이퍼 **인쇄** 현문인쇄 **제본** 자현제책 **등록번호** 제10-2313호 **등록일자** 2002년 2월 19일 **주소** 서울시 마포구 잔다리로 119 석우빌딩 3층 **전화** 02-322-5143 **팩스** 02-3143-5579 **블로그** http://blog.insightbook.co.kr **이메일** insight@insightbook.co.kr **ISBN** 978-89-6626-217-5 책값은 뒤표지에 있습니다. 잘못 만들어진 책은 바꾸어 드립니다. 이 책의 정오표는 http://insightbook.co.kr에서 확인하실 수 있습니다. 이 도서의 국립중앙도서관 출판예정도서목록(CIP)은 서지정보유통지원시스템 홈페이지(http://seoji.nl.go.kr)와 국가자료공동목록시스템(http://www.nl.go.kr/kolisnet)에서 이용하실 수 있습니다.(CIP제어번호: CIP2018000289)

프로그래밍**인사이트**

리눅스 핵심 레퍼런스

작지만 알찬, 곁에 두고 배우는
필수 명령어

LINUX POCKET GUIDE

대니얼 J. 바렛 지음
진정원 옮김

인사이트
insight

차례

옮긴이의 글

이미 지난 세기가 되어 버린 1990년대의 어느 날, 모 월간 컴퓨터 잡지의 부록으로 리눅스 설치 CD를 접했다. 리눅스가 정확히 무엇인지, 왜 사용하는지도 제대로 알지 못하던 시절이었지만 잡지에 실린 설치 방법을 열심히 따라 해 보았고, 그 결과가 그리 녹록치만은 않았던 기억이 난다. 그리고 20여 년의 시간이 지나 전문적으로 리눅스를 다루게 된 지금까지도 이어지는 한 가지 궁금증이 여전히 있다.

'하라는 대로 했는데, 왜 안 되지?'

이 책을 읽는 독자가 당시에 내가 느꼈고 지금까지도 종종 느끼게 되는 바로 이 의문을 느껴 본 경험이 있다면, 역자로서 이 책이 필요하다고 감히 이야기하고 싶다.

오픈 소스인 리눅스는 수많은 명령어와 작은 프로그램들이 모인 형태로 구성되어 있으며, 특히 오랜 기간 여러 분야에 걸쳐 발전해 오는 과정에서 '배포판'이라는 형태를 통해 매우 많은 갈래를 가지게 됐다. 이러한 역사적인 배경 탓에 각 버전의 리눅스는 비슷하지만 명령어 사용법과 구성이 조금씩 달라졌다. 그래서 우리는 위와 같은 질문을 하게 되는 것이다.

'정확히 하라는 대로 했는데, 대체 왜 되지 않는가?'

리눅스를 사용하다 보면 기본적인 사용법을 제법 인지하고 있는 상황에서도 아주 미묘한 차이에 의해서 명령어가 실행되지 않거나 예상과 다른 결과를 얻게 될 때가 있다.

이럴 때 좌절하지 않고 그 해법을 향해 다가가는 방법은, 매번 해당 상황에 맞는 정확한 답을 찾아 헤매는 것이 아니고, 이를 해결해 줄 만한 다른 사람에게 연락을 하는 것도 아니며, 리눅스란 원래 그런 것이라며 즉시 다른 방법을 강구하는 것도 아니다.

가장 좋은 해법은 바로 리눅스에서 일반적으로 사용되는 수많은 명령어의 기본적인 사용법과 패턴을 익혀서 현재 상황에 맞는 방식으로 대처할 수 있도록 '적응력'을 기르는 것이다.

이 책은 리눅스에서 가장 핵심적이면서도 일반적으로 사용되는 다양한 명령어의 사용법을 매우 일관성 있고 정갈하게 정리하고 있으며, 다양한 예시와 함께 여러 가지 배포판에서 실행할 때 생길 수 있는 사소해 보이지만 중요한 상황 정보도 함께 기술하고 있다.

따라서 리눅스를 이제 막 시작한 사람뿐 아니라 이미 사용하고 있지만 크고 작은 문제가 생길 때마다 다소 곤란을 겪는 사람이라면, 부담스럽지 않은 분량의 이 책을 읽으며 이미 알던 내용은 더욱 정확히 알게 되고 중요하지만 놓치고 있던 점들을 상기할 수 있을 것이라고 생각한다. 이 책의 역자로서, 또한 한 사람의 대한민국 개발자로서 이 책을 추천한다.

리눅스 핵심 레퍼런스

리눅스 입문을 환영한다! 이 책은 리눅스를 경험해 보지 못한 사용자들이 매우 일반적이면서도 실용적인 명령어들을 빠르게 이해할 수 있도록 소개하고 있다. 즉, 리눅스에 경험이 있는 사용자들에게는 책의 서론 부분이 매우 쉬울 수 있기 때문에 읽지 않고 지나가도 상관이 없다는 뜻이기도 하다.

이 책에서 다루는 내용

이 책은 핵심적인 내용만 담은 짧은 안내서로, 가장 중요하고 실용적인 면에서 리눅스를 다루기 때문에 독자들이 생산적으로 작업하는 데 도움이 된다. 따라서 이 책은 모든 명령어나 옵션 전체를 일일이 설명하지 않으며 운영 체제 내부도 깊이 다루지 않는다. 자신이 궁금해 하는 내용이 실려 있지 있다면 안타까운 일이겠지만, 짧고 간단히 다룰 수 있으면서도 가장 핵심적인 부분만 다루는 것이 바로 이 책의 방침이다.

우리는 명령어(command)를 집중 학습할 텐데 명령어는 명령행에 입력하는 낱말들로 리눅스 시스템에 무엇을 하라고 알려 주는 역할을 한다. *myfile*이라는 파일에 텍스트가 몇 줄 있는지 세어서 알려 주는 다음 예제를 보자.

```
wc -l myfile
```

이처럼 ls(list files, 파일 목록), grep(텍스트 검색), mplayer(오디오와 비디오 파일 재생), df(디스크 사용량 측정) 등 사용자에게 꼭 필요한 주요 리눅스 명령어를 다룰 것이다. GNOME[1], KDE와 같이 그 자체만으로도 내용이 방대한 데스크톱 환경에 대해서는 간단하게 살펴본다.

또한 기능별로 내용을 구성해 간결한 학습 과정을 제공한다. 예를 들어 짧은 텍스트 파일을 보기 위해서는 cat, 좀 더 긴 문서를 볼 때는 less, 바이너리 파일을 볼 때는 od와 같이 파일 내용을 보는 명령어를 다양하게 제공한 후, 각 명령어의 일반적인 사용법과 옵션을 명확하게 설명할 것이다.

우리는 사용자들이 자신의 리눅스 시스템을 가지고 있으며, 사용자명(username)과 비밀번호(password)를 통해 접속할 수 있다고 가정하고 이 책을 구성했다. 실습을 위한 리눅스 시스템을 아직 구성하지 못했다면 우분투(Ubuntu, *http://ubuntu.com/download*), 페도라(Fedora, *https://getfedora.org*), 크노픽스(Knoppix, http://*www.knopper.net/knoppix/index-en.html*)와 같이 대다수 컴퓨터에서 실행 가능한 리눅스 라이브(live) DVD를 구해서 직접 설치하길 권장한다.

3판에서 바뀐 내용
새로운 명령어들

기술은 빠르게 변하고 초판과 2판에서 다루었던 몇몇 명령어는 현재 거의 사용되지 않는다. 이러한 것들은 현대 리눅스 시스템에서 쉽게 찾아볼 수 있는 더욱 실용적인 새로운 명령어로 교체했다.

---

1 (옮긴이) 일반적으로 '그놈'이라 발음한다.

실행 가능한 예제들

이 책에서 사용되는 예제 명령어들은 이 책의 웹 사이트(*http://linuxpocketguide.com/*)에서 모두 파일 형태로 다운로드할 수 있기 때문에 책에 나온 형태 그대로 실행이 가능하다.

그래픽 사용자 인터페이스 응용 프로그램 설명 제외

순수하게 명령어 학습에 집중하기 위해 사진 편집기나 웹 브라우저 같은 그래픽 사용자 인터페이스 응용 프로그램은 더 이상 설명하지 않는다. 이러한 응용 프로그램을 사용하고 싶을 경우 이제는 간단한 웹 검색을 통해서도 해당 내용을 쉽게 찾아낼 수 있기 때문이다.

리눅스란 무엇인가?

리눅스는 마이크로소프트 윈도우나 맥OS(macOS)와 견줄 수 있는 인기 있는 오픈 소스 운영 체제다. 다른 운영 체제처럼 리눅스도 창, 아이콘, 마우스 조작과 같은 그래픽 사용자 인터페이스를 제공한다. 그러나 리눅스를 정말 강력하게 만드는 힘은 wc와 같이 명령어를 입력하여 실행하는 셸(shell)이라는 명령행 인터페이스(command-line interface)에서 비롯된다.

윈도우의 cmd나 파워셸(PowerShell) 명령어 도구, 맥OS의 터미널(Terminal) 프로그램을 통해서도 명령행은 실행할 수 있지만, 윈도우나 맥OS 사용자들은 대부분 명령어를 입력하지 않고, 마우스를 사용하여 조작하는 데 더 익숙하다. 반면에 리눅스에서 셸은 굉장히 중요하다. 리눅스를 셸 없이 사용한다는 것은 정말 중요한 부분을 놓치고 있다는 의미다.

배포판이란 무엇인가?

리눅스는 굉장히 다양하게 설정할 수 있고 수많은 프로그램이 조합되어 만들어졌다. 그 결과 서로 다른 필요성과 사용자의 취향을 만족시키는 기능들을 제공하는 여러 종류의 리눅스가 만들어졌다. 이것들은 분명 핵심 구성 요소(core component)는 동일하지만, 포함하고 있는 프로그램들과 파일들은 다소 다르다. 이처럼 다양한 형태의 리눅스를 배포판(distribution 또는 줄여서 distro)이라고 부른다. 우분투 리눅스, 레드햇 엔터프라이즈 리눅스, 슬랙웨어, 민트 등의 배포판이 유명하다. 이 책에서는 이 모든 배포판에서 사용할 수 있는 핵심 내용만 다룬다.

명령어란 무엇인가?

리눅스 명령어는 다음과 같이 일반적으로 프로그램 이름에 옵션과 인자(argument)를 붙여서 셸에 입력한다.

```
wc -l myfile
```

프로그램 이름(wc는 낱말 세기(word count)의 줄임말이다)은 하드 디스크 어딘가에 존재하는 해당 프로그램을 가리키고 셸은 그 프로그램을 찾아 실행한다. 보통 대시 기호(-)로 시작되는 옵션은 프로그램의 동작에 영향을 미친다. 앞선 명령어에서 -l 옵션은 낱말을 세는 것이 아니라 줄 수를 세라고 wc 프로그램에 알려 주는 역할을 한다. 인자에 해당하는 myfile은 wc 프로그램이 읽고 작업을 수행할 특정 파일을 가리킨다.

　명령어는 여러 개의 옵션과 인자를 가진다. 특히 옵션은 개별적으로 여러 개를 입력하거나 대시 기호 하나에 옵션 여러 개를 붙여서 사용할 수 있다.

```
wc -l -w myfile          두 개의 개별 옵션
```

```
wc -lw myfile            -l -w와 동일
```

다만 특정 프로그램들은 조금 독특해서 이러한 조합형 옵션들을 인식
하지 못하는 경우도 있다는 점을 명심해야 한다. 또한 인자를 여러 개
주는 것도 가능하다.

```
wc -l myfile myfile2     두 개 파일의 줄 수를 계산
```

옵션 사용법은 표준화되어 있지 않다. -l과 같이 대시 하나와 문자
하나로 구성되어 있을 수도 있고, --lines와 같이 대시 두 개와 낱말
로 구성되거나 그 외의 다른 형식일 수도 있다. 또한 wc 명령어에서
는 -l 옵션이 '텍스트의 줄(line of text)'이라는 뜻으로 사용되지만 ls
명령어에서는 '긴 출력(long output)'이라는 뜻으로 사용되는 것과 같
이, 같은 옵션이 또 다른 프로그램에서는 새로운 의미로 사용될 수
도 있다. 또는 서로 다른 두 프로그램이 각각 -q(quietly, 조용하게)와
-s(silently, 조용하게)처럼 형태는 다르지만 의미는 같은 옵션을 사용
할 수도 있다. 일부 옵션들은 -s 10과 같이 추가적인 값들과 함께 사용
되기도 하며, -s10과 같이 옵션과 값 사이의 띄어쓰기(space)가 필요
없을 수도 있다.

이와 비슷하게 인자의 사용법 역시 표준화되어 있지 않다. 일반적으
로 입력과 출력에 해당하는 파일명을 나타내긴 하지만, 디렉터리명이
나 정규 표현식일 수도 있다.

명령어는 단일 프로그램을 옵션과 함께 실행하는 것에 비해 훨씬 흥
미로운 면이 있다.

- 명령어는 여러 프로그램을 순차적으로 한 번에 실행하거나 '파이프
  라인'(pipeline)을 통해 한 명령어의 출력(output)을 다음 명령어의

입력(input)으로 넘겨줄 수도 있다. 리눅스 전문가들은 이러한 파이프라인을 항상 사용한다.

- 셸이라는 리눅스 명령행 사용자 인터페이스는 자체적인 프로그래밍 언어를 내장하고 있다. 따라서 '프로그램을 실행하라'고 명령하는 대신에 '이 프로그램을 실행한 후 그 출력물을 내가 선택한 파일에 기록하며, 만일 도중에 에러가 발생한다면 그 내용을 내 이메일로 전송하라'와 같이 명령을 실행할 수도 있다.

셸 프롬프트

명령어를 입력하려면 프롬프트(prompt)라는 특별한 기호가 화면에 표시되기를 기다려야 한다. 프롬프트는 '다음 명령어를 처리할 준비가 됐다'라는 상태를 의미한다. 프롬프트의 형태나 길이는 셸을 어떻게 설정하느냐에 따라 달라진다. 보통은 다음과 같이 달러(dollar) 기호를 사용한다.

```
$
```

또는 사용자의 컴퓨터 이름이나 사용자명처럼 특정 정보나 기호가 들어간 복잡한 문자열 형태가 될 수도 있다.

```
myhost:~smith$
```

이렇듯 다양한 형태의 프롬프트는 '셸이 명령어를 처리할 준비가 됐다'는 상태를 의미한다.

이 책에서는 유일한 기호인 → 기호를 사용해 셸 프롬프트를 표시함으로써 독자가 프롬프트 기호를 명령어의 일부로 오인하는 일을 방지할 것이다. 다음은 앞의 예제 명령어를 프롬프트와 함께 표시한 예제다.

```
→ wc -l myfile
```

특정 명령어는 실행 결과를 화면에 출력하기도 한다. 입력한 명령어와 화면에 출력된 결과를 구별하기 위해 명령어는 볼드체로 다음과 같이 표기한다.

```
→ wc -l myfile          입력한 명령어
18 myfile               명령이 실행되어 출력된 결과
```

이 책의 일부 명령어는 시스템의 모든 권한을 가지고 무엇이든 할 수 있는 관리자(administrator) 권한을 통해서만 성공적으로 실행할 수 있다. 관리자는 다른 말로 '슈퍼 사용자'(superuser) 또는 '루트'(root) 라고 부르며, 이 경우는 명령어 앞에 sudo를 붙여서 표기한다.

```
→ sudo   슈퍼 사용자 명령어가 뒤따른다
```

sudo 명령어에 대해서는 '슈퍼 사용자 되기'(190쪽)에서 자세하게 다룰 테지만 지금은 sudo 명령어가 우리에게 관리자 권한을 준다고 이해하면 되고, 때로는 sudo 명령어로 인해 시스템의 비밀번호를 입력해야한다는 사실만 기억하면 된다. 예를 들어 *etc/shadow*라는 보호된 파일(protected file)의 줄 수를 세기 위한 명령어를 sudo와 함께 또는 sudo 없이 다음과 같이 실행해 볼 수 있다.

```
→ wc -l /etc/shadow              실행되지 않는다.
wc: /etc/shadow: Permission denied
→ sudo wc -l /etc/shadow         sudo와 함께 실행하면
Password: ******
51 /etc/shadow                   명령어가 실행된다!
```

명령행 워밍업

리눅스를 사용하는 기분을 내 보기 위해 지금 당장 입력해 볼 수 있는 열 가지 간단한 명령어를 준비했다. 프롬프트 뒤에 명령어를 정확하게

입력해야 한다. 대소문자를 구분하고 띄어쓰기나 기호도 똑같이 입력하자.

2017년 4월 달력을 표시해 보자.

```
→ cal apr 2017
     April 2017
Su Mo Tu We Th Fr Sa
                  1
 2  3  4  5  6  7  8
 9 10 11 12 13 14 15
16 17 18 19 20 21 22
23 24 25 26 27 28 29
30
```

수많은 명령어를 담고 있는 /bin 디렉터리에 저장된 콘텐츠 목록을 보려면 다음과 같다.

```
→ ls /bin
bash      less      rm
bunzip2   lessecho  rmdir
busybox   lessfile  rnano
...
```

자기 홈 디렉터리의 숨겨지지 않은(visible) 파일의 수를 보자(예제에 포함된 특수한 변수인 HOME에 대해서는 나중에 배우자).

```
→ ls $HOME | wc -l
8
```

자신의 하드 디스크 파티션 공간이 얼마나 사용되고 있는지 확인해 보자.

```
→ df -h /
Filesystem  Size  Used  Avail  Use%  Mounted on
/dev/sdb1   78G   30G   48G    61%   /
```

컴퓨터에서 실행 중인 프로세스들을 확인하려면 다음과 같다('q'를 입력하면 종료).

→ **top -d1**

미리 설정해 둔 기본 프린터가 있다면 컴퓨터 이름과 주소를 포함하고
있는 */etc/hosts* 파일을 프린트해 보자.

→ **lpr /etc/hosts**

자신이 얼마나 오랫동안 로그인해 있었는지 확인하려면 다음과 같다.

→ **last -1 $USER**
```
smith pts/7 :0 Tue Nov 10 20:12 still logged in
```

웹 브라우저 없이 이 책의 웹 사이트로부터 현재 디렉터리로 *sample.
pdf* 파일을 다운로드해 보자.

→ **wget http://linuxpocketguide.com/sample.pdf**

자기 컴퓨터의 IP 주소에 대한 정보를 표시하려면 다음과 같다.

→ **ip addr show eth0**
```
...
inet 192.168.1.47
```

*oreilly.com*이라는 도메인을 누가 소유하고 있는지 확인하려면 다음과
같다(스페이스 바를 눌러 다음 페이지로 이동, 'q'를 눌러서 종료).

→ **whois oreilly.com | less**
```
Domain Name: OREILLY.COM
Registrar: GODADDY.COM, LLC
...
```

마지막으로 창을 깨끗하게 정리하자.

→ **clear**

좋다! 하다 보니 열 개를 넘겼지만 어쨌든 축하한다. 여러분은 이미 리눅스 셸 사용자가 됐다.

이 책을 읽으며

우리는 이 책을 통해 다양한 리눅스 명령어를 접하게 되며, 각 명령어는 표준화된 명세(standard heading) 형태로 먼저 설명한다. 그림 1은 ls 명령어에 대한 예제다. 이 명세는 간단한 포맷으로 일반적인 사용법을 알려 준다.

ls		stdin	stdout	- file	-- opt	--help	--version
ls [*options*] [*files*]							

그림 1 표준 명령어 명세

→ ls [*options*] [*files*]

이는 'ls' 명령어에 이어서 옵션과 파일명을 선택적으로 입력할 수 있음을 뜻한다. '[', ']' 같은 대괄호 기호는 입력할 필요가 없으며 해당 내용이 선택적으로 입력 가능함을 의미한다. 즉, 필요 없다고 판단된다면 입력하지 않아도 무방하다는 뜻이다. 이탤릭체로 표시된 단어들은 실제 파일명과 같이 스스로 선택한 특수한 값들을 채워 넣으면 된다. 또는 옵션과 인자 사이에 괄호로 둘러싸인 세로로 그어진 막대 형태의 기호를 볼 수도 있다.

(*file* | *directory*)

이는 파일명이나 디렉터리명 중에 선택적으로 인자를 넣을 수 있다는 의미다.

그림 1의 특수한 명세는 여섯 개의 검은색(지원 가능) 또는 회색(지원 불가능) 속성을 포함하고 있다.

stdin

키보드와 같은 표준 입력으로부터 읽어 들이는 명령어다. '입력과 출력'(264쪽)을 참고하라.

stdout

모니터와 같은 표준 출력으로 출력하는 명령어다. '입력과 출력' (264쪽)을 참고하라.

- file

입력 파일명 자리에 대시(-) 인자가 있다면 명령어는 표준 입력으로부터 값을 읽어 들인다. 마찬가지로 출력 파일명 자리에 대시 인자가 있다면 표준 출력으로 값을 출력함을 뜻한다. 예를 들어, 다음 wc 명령행은 *myfile*과 *myfile2*를 읽고 나서 표준 입력을 받은 후 *myfile3*을 읽어 들인다.[2]

```
wc myfile myfile2 - myfile3
```

-- opt

명령행 옵션에 '--' 기호를 삽입하면 이는 옵션의 마지막을 뜻한다. 즉, 기호 이후 명령행에 나오는 것은 그 어떤 것도 더는 옵션으로 취급되지 않는다. 이는 대시(-)로 시작하는 이름의 파일이 실수로 옵션으로 취급되는 것을 방지할 때 사용할 수 있다. *-dashfile*이라는 이름의 파일이 있을 때 wc -dashfile이라는 명령어를 입력한

---

2 (옮긴이) 이 wc 명령의 경우 리눅스에서는 대시 인자에 대한 처리가 여전히 유효하지만, 맥OS와 같이 유닉스 계열이지만 호환성이 다른 운영 체제에서는 다르게 동작할 수 있으니 유의하자.

다면 -dashfile이 잘못된 옵션으로 취급되면서 명령은 실패할 것이다. 하지만 wc -- -dashfile과 같이 입력하면 정상으로 동작하게할 수 있다. '--' 기호가 지원되지 않는 상황이라면 현재 디렉터리경로를 의미하는 './' 기호를 파일명 앞에 붙임으로써 대시 기호가파일명의 첫 번째 문자로 인식되지 않도록 할 수도 있다.

```
wc ./-dashfile
```

--help

--help 옵션은 적절한 사용법에 대한 설명을 출력하는 도움말 메시지를 나타낸 후 종료한다.

--version

--version 옵션은 해당 명령어의 버전 정보를 출력한 후 종료한다.

특수 키

이 책에서는 키보드의 특수 키를 뜻하는 몇 가지 기호 문자를 사용한다. 여러 다른 리눅스 문서들처럼 ^ 기호는 '컨트롤(Ctrl) 키를 누르고있으라'를 뜻한다. 그러므로 ^D(컨트롤 D라 발음)는 '컨트롤 키를 누른채로 D 키를 누르라'는 의미다. 또한 ESC는 'ESC 키를 누르라'는 뜻이며, 엔터나 스페이스 바 역시 해당 키를 누르라는 것을 의미한다.

우리의 친구, echo 명령어

'화면 출력'(226쪽)에서 배우겠지만 이 책의 많은 예제에서 echo 명령어를 통해 화면에 정보를 출력할 것이다. echo는 가장 간단한 형태의명령어 중 하나로 셸에 의해 실행되는 인자를 한 번만 표준 출력 화면에 나타낸다.

```
→ echo My dog has fleas
My dog has fleas
```

```
→ echo My name is $USER          USER는 셸 변수
My name is smith
```

긴 명령행

가끔 명령어가 한 줄에 모두 표시할 수 없을 정도로 길 때도 있다. 이
럴 때는 명령어를 여러 줄로 나누어서 표시하며, 줄 끝에 다음과 같이
역슬래시(backward slash, \) 문자를 붙여서 나타낸다.

```
→ echo This is a long command that doesn't fit on \
  one line
This is a long command that doesn't fit on one line
```

이렇듯 역슬래시 문자는 리눅스 셸에서 '명령행을 계속 실행'이라는 의
미로 사용된다. 물론 사용자의 터미널 화면이 충분히 넓다면 역슬래시
를 빼고 명령어를 한 줄로 작성해도 무방하다.

이 책으로 실습하기

이 책에는 리눅스로 실습할 수 있는 파일들이 함께 제공된다. 이 파일
들을 다운로드해 설치한다면, 어떤 리눅스에서도 이 책과 정확히 동일
한 명령어 예제들을 실행해 볼 수 있다. 최초에 이 파일들을 다운로드
하기 위해서는 다음 명령어들을 순서대로 실행하면 된다.[3]

```
→ cd
→ wget http://linuxpocketguide.com/LPG-stuff.tar.gz
→ tar -xf LPG-stuff.tar.gz
```

이 명령어들은 *linuxpocketguide*라는 디렉터리를 자신의 홈 디렉터리에
생성한다. 언제든 이 책의 예제들을 보고 싶다면 간단하게 이 디렉터

---

3 다음 주소에서도 예제 파일들을 다운로드할 수 있다. *https://github.com/oreillymedia/
linux_pocket_guide*

리를 찾아가면 된다.

→ **cd ~/linuxpocketguide**

이제 예제 명령어를 실행하면 된다.

실습을 진행하다가 일부 예제 파일을 수정했거나 새로운 마음으로 시작하려고 해당 파일들을 다시 다운로드해 설치하고 싶다면, 간단하게 *linuxpocketguide* 디렉터리에 포함되어 있는 reset-lpg 스크립트를 실행하면 된다.

→ **cd ~/linuxpocketguide**
→ **bash reset-lpg**

또는 이미 리눅스 디렉터리에 대해 이해하고 있어서 홈 디렉터리가 아닌 다른 위치에 샘플을 두었다면, 해당 디렉터리명을 reset-lpg 명령어의 인자로 넣으면 된다.

→ **bash reset-lpg /tmp/examples**

이 명령어는 */tmp/examples/linuxpocketguide* 디렉터리에 있는 예제 파일을 초기 상태로 만들거나 예제 파일이 없을 경우 그 디렉터리에 예제 파일을 저장한다.

추가적인 도움말

이 책에서 제공하는 것 이상의 정보가 필요하다면 이를 얻을 수 있는 몇 가지 방법이 있다.

man 명령어 실행

man 명령어는 온라인 매뉴얼 페이지나 해당 프로그램의 맨페이지(manpage)를 표시한다. 예를 들어 wc가 파일에 포함된 낱말의 수를 세는 방식을 배우고 싶다면 다음과 같이 실행하면 된다.

→ `man wc`

맨페이지에서 키워드를 통해 특정 주제를 검색하고 싶다면 다음과 같이 -k 옵션을 사용하면 된다(뒤따르는 파이프라인은 해당 실행 결과를 less 명령어에 전달하여 전체 결과를 한 번에 한 화면씩 볼 수 있도록 해 준다. 스페이스 바 키는 다음 화면을 보여주고, q 키는 less 프로그램을 종료한다).

→ `man -k database | less`

info 명령어 실행

info 명령어는 많은 리눅스 프로그램에서 사용되는 확장된 하이퍼텍스트 도움말 기능이다.

→ `info ls`

info 프로그램이 실행되는 동안 몇 가지 유용한 특수 키를 사용할 수 있다.

- h: 도움말
- q: 종료
- 스페이스와 백스페이스: 각각 다음 페이지와 이전 페이지
- 탭(tab): 하이퍼링크 간 점프
- 엔터(enter): 해당 하이퍼링크로 이동

해당 프로그램을 설명한 문서가 info에 준비되지 않았다면 해당 프로그램의 맨페이지를 보여 준다. info 명령어로 확인 가능한 문서 목록을 알고 싶다면 info만 입력하면 볼 수 있고, info 명령어

자체의 사용법이 궁금하다면 info info라고 입력하면 된다.

--help 옵션 사용

리눅스 명령어들은 대부분 --help 옵션으로 간결한 도움말 메시지를 나타낸다.

→ wc --help

도움말 메시지가 모니터 화면보다 길어서 한 화면에 다 보이지 않는다면 파이프라인을 통해 less 프로그램으로 실행해 보자(q 키로 종료).

→ wc --help | less

/usr/share/doc 디렉터리 확인

이 디렉터리는 많은 프로그램의 문서를 포함하고 있으며, 일반적으로 프로그램의 이름과 버전에 따라 구성되어 있다. 배포판에 따라 약간 차이가 있을 수 있지만, 예를 들어 텍스트 편집기인 이맥스의 24 버전은 */usr/share/doc/emacs24*와 비슷한 경로에서 찾아볼 수 있다.

해당 배포판 웹 사이트

리눅스 배포판은 대부분 문서와 질문/답변이 가능한 토론 포럼을 포함한 공식 웹 사이트를 가지고 있다. 간단하게 검색 엔진에 '우분투'(Ubuntu)와 같은 배포판 이름을 입력하기만 하면 해당 웹 사이트를 쉽게 찾을 수 있다.

리눅스 도움 사이트

리눅스에 관한 질문들에 답변을 주는 많은 웹 사이트가 있다. *http://www.linuxquestions.org*, *http://unix.stackexchange.com*, *http://*

www.linuxhelp.net, *http://www.linuxforums.org* 같은 해외 웹 사이트뿐 아니라 *https://kldp.org*, *https://www.linux.co.kr*, *https://forum.ubuntu-kr.org*처럼 일반적인 리눅스 또는 특정 배포판에 대한 한국 웹 사이트도 많으므로 해당 웹 사이트를 검색하여 도움을 받는 것도 중요하다.

웹 검색

특정 리눅스 에러 메시지를 파악하려면 해당 에러 메시지를 검색 엔진에 복사, 붙여넣기를 하여 검색해서 도움이 될 만한 결과를 얻을 수 있다.

리눅스: 간단히 살펴보기

리눅스는 크게 네 부분으로 되어 있다.

커널(kernel)

운영 체제의 핵심에 해당하며 파일, 디스크, 네트워킹, 그 외에도 반드시 필요한 여러 필수 구성 요소를 다룬다. 대다수 사용자들은 커널에 신경 쓸 필요가 없다.

내장 프로그램

파일 조작, 텍스트 수정, 수학 계산, 웹 브라우저, 오디오, 비디오, 컴퓨터 프로그래밍, 키보드, 암호화, DVD 굽기 등 이미 내장되어 있는 수많은 프로그램을 의미한다.

셸

명령을 입력하고 실행하며 그 결과를 보여 주는 사용자 인터페이스를 말한다. 리눅스는 본 셸(Bourne shell), 콘 셸(Korn shell), 씨 셸(C shell) 등 많은 종류의 셸을 가지고 있다. 이 책에서는 주로 사용자 계정의 기본 셸로 지정되어 있는 배시(Bash, Bourne-Again Shell)에 초점을 맞출 것이지만, 사실 이 모든 셸은 기본적으로 비슷한 기능들을 가지고 있다.

X 윈도우

창과 메뉴, 아이콘, 마우스 지원, 그 외에도 다른 친숙한 그래픽 사용자 인터페이스 요소 등을 제공하는 데스크톱 시스템이다. KDE 나 GNOME처럼 복잡한 환경이 X 윈도우 위에 구축된다. X 윈도우를 실행하기 위한 몇 가지 프로그램 외에는 거의 다루지 않을 것이다.

이 책은 두 번째와 세 번째 영역에 해당하는 내장 프로그램과 셸을 집중적으로 설명한다.

셸 실행하기

네트워크를 통해 리눅스 머신에 접속하면, 명령어를 입력하는 셸을 가장 먼저 볼 수 있다. 네트워크로 접속하는 대신 리눅스 머신에 직접 로그인했다면 셸이 아닌 아이콘과 메뉴로 가득 찬 데스크톱을 먼저 볼 수도 있다. 많은 리눅스 사용자에게 이것이 가장 기본적인 작업 환경이며, 이 아이콘과 메뉴는 이메일을 확인하거나 웹 서핑 등의 간단한 작업을 수행하기에 충분하다. 하지만 리눅스의 진정한 힘을 이끌어 내려면 이러한 그래픽 사용자 인터페이스 밑으로 더 깊이 파고들어야 한다. 처음에는 셸이 아이콘과 메뉴보다 어려울 수 있지만, 일단 한번 익숙해지면 사용하기도 쉽고 훨씬 더 강력하다.

그렇다면 이러한 그래픽 사용자 인터페이스에서 어떻게 셸을 실행할까? 상황에 따라 다르다. 리눅스에는 많이 사용되는 GNOME이나 KDE와 같은 몇 가지 데스크톱 환경이 있고, 리눅스 시스템마다 설정이 다르다. 셸 창을 여는 아이콘과 메뉴를 찾아서 어디에 위치시킬지는 사용자가 직접 결정해야 한다. 각 시스템의 메인 메뉴 또는 시작 메뉴를 보면 Terminal, Konsole, xterm, gnome-terminal, uxterm 같은 이름의 프로그램을 볼 수 있다. 이 프로그램을 실행하여 셸 창을 열어 보자.

Terminal이나 Konsole과 같은 프로그램 자체는 셸 자체가 아니라 셸을 실행해서 사람의 눈에 멋지게 보이게 해 주는 프로그램일 뿐이다. 셸이라 함은 사용자가 명령을 내릴 수 있게 해 주고 사용자가 내린 명령을 실행하는 주체다. 그림 2는 이 차이점을 나타내고 있다.

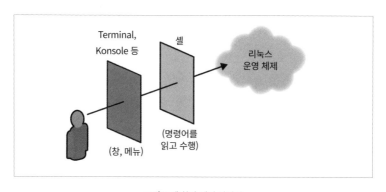

그림 2 셸 창과 셸의 차이점

지금까지는 셸에 대한 간단한 개요에 불과했다. '셸의 기능'(33쪽)에서 좀 더 자세한 내용을 설명하고 '셸 스크립트 프로그래밍'(261쪽)에서 더욱 강력한 사용법을 다룰 것이다.

입력과 출력

리눅스 명령들은 대부분 입력을 받아들이고 출력을 생산한다. 예를 들어 wc 명령은 파일에서 입력을 받고 화면으로 출력(글자 수, 낱말 수, 줄 수)을 한다.

리눅스 명령은 입력과 출력이 매우 자유롭다. 입력은 파일에서 전달될 수도 있고 표준 입력, 즉 사용자가 키보드로 입력하는 것으로부터 전달될 수도 있다. 마찬가지로 출력은 파일에 쓸 수도 있고 표준 출력, 즉 일반적으로 셸 창이나 모니터 화면에 쓸 수도 있다. 에러 메시지는 특별히 다루어지며 일반적으로 표준 출력과 비슷하게 모니터 화면에 출력되기는 하지만 표준 출력과는 별도로 취급된다.[4] 나중에 표준 입력, 출력, 에러를 파일 또는 파이프라인으로 리다이렉트하는 방법을 배울 것이다. 그러나 우선은 용어부터 확실히 해야 한다. 이 책에서 '읽는다'(read)고 말하는 것은 따로 언급이 없는 한 표준 입력을 의미한다. 그리고 '쓴다'(write) 또는 '출력한다'(print)고 하는 것은 컴퓨터 프린터에 대해 말하고 있지 않는 한 표준 출력을 의미한다.

일반 사용자와 슈퍼 사용자

리눅스는 다중 사용자 운영 체제다. 즉, 많은 사람이 하나의 리눅스 컴퓨터를 동시에 사용할 수 있다. 한 대의 컴퓨터 내에서 각 사용자는 'smith' 또는 'funkyguy' 같은 사용자명(username)으로 구분되며, 해당 시스템 안에서 작업 수행을 위해 적절한 크기의 개인 공간을 가지게 된다.

슈퍼 사용자는 루트라고 부르며 시스템 안에서 모든 작업을 수행할 수 있는 특권을 가지고 있다. 평범한 사용자들은 대다수 프로그램을 실행할 수는 있지만 보통 자신이 소유한 파일들만 변경할 수 있다. 반면에 슈퍼 사용자는 모든 프로그램을 실행할 수 있고, 모든 파일을 변경하거나 만들거나 삭제할 수도 있다. 슈퍼 사용자에 관해서는 추후에 '슈퍼 사용자 되기'(190쪽)에서 자세히 다루겠다.

---

4 예를 들어, 표준 출력을 파일에 저장하도록 했다고 해도 표준 에러 메시지는 여전히 모니터 화면에 나타날 수 있다.

파일 시스템

리눅스 시스템을 원활하게 이용하기 위해서는 리눅스 파일과 디렉터리(폴더)에 익숙해져야 한다. '창과 아이콘'으로 표현되는 그래픽 사용자 인터페이스에서는 화면에 파일과 디렉터리가 있는 것이 당연하다. 마찬가지로 리눅스의 셸과 같은 명령행 시스템에서는 동일한 파일과 디렉터리가 존재하기는 하지만 항상 눈에 보이지는 않는다. 따라서 항상 현재 위치하고 있는 디렉터리가 어디인지 알아야 하고, 다른 디렉터리들과의 상대적 위치가 어떤지 파악하고 있어야 한다. cd 또는 pwd 같은 명령어를 통해 디렉터리 사이를 이동하거나 현재 디렉터리 위치를 확인할 수 있다.

우선 몇 가지 용어를 설명하겠다. 지금까지 말했던 것처럼 리눅스에서 파일들은 디렉터리 안에 모인다. 디렉터리들은 그림 3처럼 계층을 형성한다. 즉, 하나의 디렉터리는 하위 디렉터리(subdirectory)라는 다른 디렉터리를 가지고 있고, 이 하위 디렉터리 또한 파일이나 또 다른 하위 디렉터리를 무수히 가질 수 있다. 최상위 디렉터리를 루트 디렉터리(root directory)라고 부르며 슬래시(/)로 표시한다.[5]

파일과 디렉터리는 이름과 슬래시를 이용하여 경로(path)라 부르는 방식으로 표시한다.

/one/two/three/four

이 경로는 루트 디렉터리 안에 *one*이라는 디렉터리가 들어 있고, 이어서 *two*라는 디렉터리 안에 *three*라는 디렉터리가, 다시 *three*라는 디렉터리 안에 *four*라는 디렉터리 또는 파일이 들어 있음을 나타낸다. 슬

---

5 리눅스에서 모든 파일과 디렉터리는 루트(/)로부터 파생된다. 이 부분은 윈도우나 도스 (DOS) 시스템이 별도의 장치들에 접근할 때 특수한 드라이브 문자를 사용하는 점과 대비되는 부분이다.

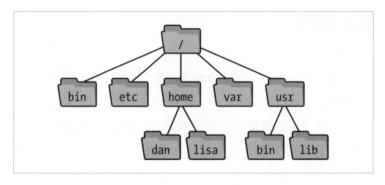

그림 3 리눅스 파일 시스템의 일부. 루트 디렉터리가 최고 상위에 위치한다.
dan이라는 디렉터리의 절대 경로는 /home/dan에 해당한다.

래시(/)로 시작하는 모든 경로는 루트 디렉터리로부터 시작되는 경로
이며 절대 경로라고 부른다.

모든 경로를 절대 경로로 표현해야 하는 것은 아니다. 루트 디렉터
리가 아닌 다른 디렉터리를 기준으로 상대적으로 표현할 수도 있다.
그림 3을 보면 *bin*이라는 이름의 디렉터리가 두 개 있는데 각각의 절대
경로는 /*bin*과 /*usr*/*bin*이다. 단순히 '*bin* 디렉터리'라고 하면 두 디렉터
리 중 어느 것을 가리키는지 명확하지 않다(심지어 *bin* 디렉터리가 더
많을 수도 있다). 따라서 정확한 관계에 대한 정보가 더 필요하다. 경
로를 말할 때에 *bin*처럼 슬래시(/)로 시작하지 않는 것을 상대 경로라
고 부른다.

상대 경로를 표현하려면 리눅스 파일 시스템상에서 '자신의 위치'
를 알아야 한다. 이 위치를 '현재 작업 디렉터리'(current working
directory) 또는 간단하게 '현재 디렉터리'라 부른다. 모든 셸은 현재
작업 디렉터리를 가지고 있고 명령어를 실행할 때에는 그 디렉터리와
관련되어 작동한다. 예를 들어, /*usr*라는 디렉터리에 셸이 위치하고 있
다고 하자. 상대 경로 *bin*을 참조로 하는 명령어를 실행한다면 실제 경
로는 /*usr*/*bin*을 의미한다. 현재 디렉터리가 /*one*/*two*/*three*라면 상대 경

로 *a/b/c*는 일반적으로 절대 경로 */one/two/three/a/b/c*를 의미하는 것이다.

특별한 상대 경로가 두 개 있는데 .(마침표 하나)와 ..(마침표 두 개)다. 전자는 현재 디렉터리를, 후자는 한 단계 상위의 디렉터리를 의미한다. 즉, 현재 디렉터리가 */one/two/three*라면 .은 */one/two/three* 디렉터리를, ..은 */one/two*를 말한다.

cd 명령어를 사용하면 한 디렉터리에서 또 다른 디렉터리로 셸을 옮길 수 있다.

→ **cd /usr/local/bin**

좀 더 구체적으로 말하자면 이 명령어는 셸의 현재 작업 디렉터리를 */usr/local/bin*으로 변경한다. 이러한 변경은 디렉터리가 슬래시(/)로 시작하기 때문에 절대 경로 변경이다. 이 책의 예제 디렉터리를 홈 디렉터리에 설치했다고 가정하자. 다음과 같이 입력하기만 하면 언제든지 예제 디렉터리로 이동할 수 있다(물결 표시는 약칭이며 이에 대해서는 다음 절에서 다룰 것이다).

→ **cd ~/linuxpocketguide**

cd를 사용하여 상대 경로 이동 또한 가능하다.

→ **cd d**   *하위 디렉터리 d로 들어감*
→ **cd ../mydir**   *상위 디렉터리로 이동 후 mydir 디렉터리로 들어감*

파일명과 디렉터리명은 영어 대소문자[6], 숫자, 점, 대시, 밑줄, 대부분의 특수 문자 등 일반적으로 예상할 수 있는 많은 문자를 포함할 수 있다(그러나 디렉터리 구분에 사용되는 '/'는 사용할 수 없다). 하지만 실

---

6 리눅스 파일 시스템은 대문자와 소문자를 구분하며 서로 다른 문자로 인식한다.

제로는 스페이스와 별표, 달러화 표시, 괄호 등 셸에서 특별한 의미가 있는 문자는 피해서 사용하는 편이 좋다. 꼭 사용해야 한다면 이러한 문자들을 따옴표로 감싸거나(quote) 이스케이프 기호(escape)를 사용해야 한다(43쪽, '따옴표' 참조).

홈 디렉터리

사용자의 개인적인 파일들은 대부분 일반 사용자의 경우에는 */home*, 슈퍼 사용자의 경우에는 */root*에 존재한다. 홈 디렉터리는 일반적으로 */home/<사용자명>*(*/home/smith*, */home/jones* 등)이다. 홈 디렉터리의 위치를 지정하거나 참조하는 데는 몇 가지 방법이 있다.

cd

인자(명령어 뒤에 필요에 따라 추가로 입력되는 값) 없이 cd 명령어가 단독으로 사용되면 사용자를 홈 디렉터리(또는 설정된 셸의 작업 디렉터리)로 돌아오게 한다.

HOME 변수

환경 변수 HOME은(37쪽, '셸 변수' 참고) 사용자의 홈 디렉터리명을 저장하고 있다.

```
→ echo $HOME              echo는 해당 변수의 결괏값을 화면에 출력한다.
/home/smith
```

~

물결(~) 하나가 디렉터리의 위치에 사용되는 경우, 홈 디렉터리명으로 치환된다.

```
→ echo ~
/home/smith
```

물결 다음에 슬래시(/)가 오는 경우, HOME을 기준으로 하는 상대 경로다.

```
→ echo ~/linuxpocketquide
/home/smith/linuxpocketguide
```

물결 다음에 사용자 이름이 오는 경우, 그 사용자의 홈 디렉터리로 치환된다.

```
→ cd ~fred         'fred'라는 사용자가 시스템에 존재할 경우
→ pwd              '현재 작업 디렉터리 출력' 명령어
/home/fred
```

시스템 디렉터리

일반적으로 리눅스 시스템은 수많은 시스템 디렉터리를 가지고 있다. 이 디렉터리에는 운영 체제 파일, 애플리케이션, 문서 등 거의 모든 것이 들어 있다(보통 /home에 있는 사용자의 개인적인 파일은 제외).

시스템 관리자가 아닌 이상 시스템 디렉터리에 접근할 일은 거의 없다. 하지만 약간의 지식이 있으면 시스템 디렉터리의 용도를 이해하거나 추측할 수 있다. 그림 4처럼 시스템 디렉터리의 이름은 대부분 세 부분으로 구성되어 있다.

그림 4 디렉터리 스코프(scope), 카테고리(category), 애플리케이션(application)

디렉터리 경로 1: 카테고리

카테고리는 디렉터리 내에 존재하는 파일들의 분류를 말한다. 예를 들어, 디렉터리의 카테고리가 bin이라면 그 디렉터리는 프로그램을 포함

하고 있다고 할 수 있다. 많이 쓰이는 카테고리는 다음과 같다.

프로그램 관련 카테고리

bin	프로그램(일반적으로 바이너리 파일)
sbin	슈퍼 사용자를 위한 프로그램(일반적으로 바이너리 파일)
lib	프로그램들이 사용하는 코드 라이브러리

문서 관련 카테고리

doc	문서
info	이맥스에서 기본 제공하는 도움말 시스템 문서
man	man 프로그램이 표시하는 문서 파일(매뉴얼 페이지). 압축되어 있을 때도 있고 man이 해석할 수 있는 타입 세팅 명령어가 섞여 있기도 하다.
share	설치 안내 등과 같은 특정 프로그램의 파일들

설정 관련 카테고리

etc	시스템 설정 파일(그리고 이것저것 다양한 파일들)
init.d	리눅스 부팅을 위한 설정 파일들
rc.d	리눅스 부팅을 위한 설정 파일들. *rc1.c*, *rc2.d* 등도 포함

프로그래밍 관련 카테고리

include	프로그래밍에 필요한 헤더 파일
src	프로그램을 위한 소스 코드

웹 파일 관련 카테고리

cgi-bin	웹 페이지에서 작동하는 프로그램과 스크립트
html	웹 페이지
public_html	웹 페이지. 일반적으로 사용자의 홈 디렉터리 내에

있다.

www   웹 페이지

디스플레이 관련 카테고리

fonts   글꼴

X11   X 윈도우 시스템 파일

하드웨어 관련 카테고리

dev   디스크 및 그 외 하드웨어와 인터페이스를 위한 장치
              파일

media   마운트 지점: 디스크에 접근하게 해 주는 디렉터리

mnt   마운트 지점: 디스크에 접근하게 해 주는 디렉터리

런타임 파일 관련 카테고리

var   사용자의 컴퓨터에 특정된 파일로 컴퓨터를 실행할 때
              생성되거나 업데이트된 파일

lock   잠금 파일. '현재 실행 중'임을 알리기 위해 프로그램
              이 생성한다. 잠금 파일이 존재하면 다른 프로그램이나
              동일 프로그램의 다른 인스턴스가 실행되지 않도록 막
              는다.

log   에러, 경고, 정보 메시지 등을 담고 있는 중요한 시스템
              사건들을 추적하는 로그 파일

mail   수신된 메일함

run   실행되고 있는 프로세스의 아이디를 담고 있는 PID 파
              일. 이러한 파일들은 종종 특정 프로세스의 실행을 중지
              하거나 추적하는 데 참고가 되기도 한다.

spool   메일 발신, 작업 출력, 예정된 작업 등과 같은 대기 중이
              거나 전송 중인 파일들

| *tmp* | 프로그램 또는 사용자가 사용할 임시 저장 파일 |
| *proc* | 운영 체제 상태: '운영 체제 디렉터리'(29쪽)를 보라. |

디렉터리 경로 2: 스코프

디렉터리 경로의 스코프는 전체 디렉터리의 계층 구조의 목적을 설명한다. 흔하게 쓰이는 것들은 다음과 같다.

/	리눅스 시스템 파일('root'라고 읽음)
/usr	또 다른 리눅스 시스템 파일('user'라고 읽음)
/usr/local	소속된 기관이나 개인 컴퓨터에서 지역적으로(locally) 생성되는 시스템 파일
/usr/games	게임 파일(놀랍다!)

즉, *lib*(라이브러리)이라는 카테고리는 리눅스에서 */lib*, */usr/lib*, */usr/local/lib*, */usr/games/lib*이라는 디렉터리를 가질 수 있다.

실질적으로 */*와 */usr* 사이에 의미를 구분할 만한 명확한 구분은 없다. 하지만 */*는 '운영 체제에 좀 더 가까운 근본적인 수준'이라는 느낌이 있다. 그래서 */bin*은 ls와 cat 같은 가장 기본이 되는 프로그램을 */usr/bin*보다 더 많이 가지고 있다. 마찬가지로 */lib*은 */usr/lib*보다 더 기본적인 라이브러리를 가지고 있으며 다른 비슷한 경우 역시 그렇다.[7] 또한 */usr/local/bin*에는 설치된 배포판에 포함되지 않은 프로그램들이 들어 있다. 이러한 사항들은 불변의 법칙은 아니지만 일반적인 배포판에서는 그렇다고 말할 수 있다.

디렉터리 경로 3: 애플리케이션

디렉터리 경로의 애플리케이션 부분이 있다면 대개 프로그램 이름이

---

7 어떤 배포판은 이러한 구분을 더는 하지 않는다. 예를 들어, 페도라는 */bin*을 */usr/bin*으로 연결(symbolic link)한다.

다. 스코프와 카테고리(*/usr/local/doc*) 다음에 프로그램은 자신이 필요로 하는 파일을 담은 서브디렉터리(이를테면 */usr/local/doc/myprogram*)를 가질 수 있다.

운영 체제 디렉터리

특정 디렉터리들은 리눅스 운영 체제의 가장 핵심 부분인 커널을 지원한다.

/boot

시스템 부팅을 위한 파일들. 여기에 커널이 있다. 보통 */boot/vmlinuz*이거나 이와 비슷한 이름을 가지고 있다.

/lost+found

손상된 파일이며 디스크 복구 도구로 고칠 수 있다.

/proc

현재 실행 중인 프로세스를 보여 준다. 리눅스를 아주 잘 다루는 사용자를 위한 것이다.

*/proc*에 포함된 파일들은 동작하고 있는 커널에 대한 전반적인 내용을 보여 주며 몇 가지 특성이 있다. 용량이 거의 없고 읽기 전용이며 최신 상태를 보여 준다.

```
→ ls -lG /proc/version
-r--r--r--  1  root  0  Oct 3 22:55  /proc/version
```

하지만 놀랍게도 그 내용은 리눅스 커널의 정보를 포함하고 있다.

```
→ cat /proc/version
Linux version 4.4.0-98-generic ...
```

/proc 안에 있는 파일들은 대부분 프로그램이 사용하기 위해 생성됐지만 언제든 원하는 파일의 내용을 확인해 보는 것은 무방하다. 몇 가지 예를 보자.

/proc/ioports   입력/출력 하드웨어 목록

/proc/cpuinfo   컴퓨터 프로세서 관련 정보

/proc/version   운영 체제 버전. uname 명령어가 이와 동일한 정보를 출력한다.

/proc/uptime   가장 최근 시스템 부팅 후 경과한 시간과 같은 시스템 경과 시간. 사람이 알아보기 쉬운 형태로 보려면 uptime 명령어를 실행하자.

/proc/nnn   아이디가 nnn인 프로세스의 정보. nnn은 양의 정수다.

/proc/self   현재 실행 중인 프로세스에 대한 정보. /proc/nnn 파일에 대한 심벌릭 링크이고 자동으로 업데이트된다. 다음을 실행해 보라.

→ **ls -l /proc/self**

매번 실행할 때마다 /proc/self가 가리키는 아이디 (nnn)가 바뀌는 모습을 볼 수 있을 것이다.

파일 보호

하나의 리눅스 시스템 안에서도 다수의 사용자가 로그인 계정을 가질 수 있다. 개인 정보와 보안을 유지하기 위해 대다수 사용자는 접속 가능한 파일에 제한된 권한을 가지고 있다. 이와 같은 접속 환경은 두 가지 질문을 자아낸다.

허가받은 사용자는 누구인가?

모든 파일과 디렉터리에는 절대 권한을 가지고 있는 소유주가 있다. 일반적으로는 파일을 만든 사용자가 소유주이지만 슈퍼 사용자는 그 소유권을 변경할 수 있다.

추가적으로 지정된 사용자 그룹도 파일 접근 권한을 가질 수 있다. 시스템 관리자가 지정하는 이 그룹에 대해서는 '그룹 관리'(192쪽)에서 다룰 것이다.

또한 시스템에 로그인 계정을 가지고 있는 모든 사용자에게 파일 또는 디렉터리에 대한 권한이 개방될 수도 있다. 이렇듯 타인(other)에게 공개될 수 있는 여부를 결정짓는 속성을 월드(world) 또는 타인(other) 권한이라 부른다.

어떤 종류의 권한을 부여받는가?

파일 소유주나 그룹, 월드는 각각 특정 파일에 대한 읽기, 쓰기(수정), 실행 권한을 가지고 있다. 디렉터리의 경우에도 사용자가 읽고(디렉터리 내부 파일에 접근), 쓰고(디렉터리 내부 파일의 생성 또는 제거), 실행할 수 있는(cd를 통해 디렉터리 입장) 권한으로 확장될 수 있다.

*myfile*이라는 파일의 소유자와 권한을 알고 싶다면 다음 명령어를 실행하면 된다.

```
→ ls -l myfile
-rw-r--r-- 1 smith smith 1168 Oct 28 2015 myfile
```

*mydir*이라는 디렉터리의 소유자와 권한을 알고 싶다면 -d 옵션을 추가하면 된다.

```
→ ls -ld mydir
drwxr-x--- 3 smith smith 4096 Jan 08 15:02 mydir
```

앞의 결과에서 파일의 권한은 제일 왼쪽 열 개의 글자로 나타내는데 r(read, 읽기), w(write, 쓰기), x(execute, 실행), 기타 문자, 대시로 이루어진다. 예를 들면 다음과 같다.

-rwxr-x---

이 글자와 부호의 뜻은 다음과 같다.

위치	뜻
1	파일 타입: –=파일, d=디렉터리, l=심벌릭 링크, p=명명된 파이프(named pipe), c=캐릭터 장치(character device)[8], b=블록 장치(block device)[9]
2-4	파일 소유자의 읽기, 쓰기, 실행 권한
5-7	파일 소유 그룹의 읽기, 쓰기, 실행 권한
8-10	다른 일반 사용자의 읽기, 쓰기, 실행 권한

앞선 예에서 -rwxr-x---는 소유자는 읽기·쓰기·실행 권한이 있고, 소유 그룹은 읽기·실행 권한이 있으며, 다른 사용자들은 접근할 수 없는 파일이란 뜻이다. ls는 '파일 기본 조작'(55쪽)에서 좀 더 다룰 것이다. 소유자, 소유자 그룹 또는 파일의 권한을 바꾸려면 '파일 속성'(80쪽)에 기술된 것과 같이 chown, chgrp, chmod 명령어를 각각 사용하면 된다.

---

8 (옮긴이) 직렬 특성의 데이터를 다루기 위한 장치를 지칭하며 터미널, 직렬 포트 등이 포함된다.
9 (옮긴이) 임의 접근이 가능한 데이터를 다루기 위한 장치를 지칭하며 디스크, 테이프 등이 포함된다.

셀의 기능

리눅스 시스템에서 명령어를 실행하기 위해 이를 입력하는 장소를 셸이라고 부른다. 셸은 명령어를 입력하고 엔터를 누르면 요청한 프로그램을 실행하는 리눅스의 사용자 명령행 인터페이스다(셸 창을 어떻게 여는지는 18쪽, '셸 실행하기' 참고)

예를 들어, 컴퓨터에 어떤 사용자가 로그인했는지 알고 싶다면 셸에서 다음과 같은 명령어를 실행하면 된다.

```
→ who
silver      :0   Sep 23 20:44
byrnes    pts/0  Sep 15 13:51
barrett   pts/1  Sep 22 21:15
silver    pts/2  Sep 22 21:18
```

(→ 기호는 명령어를 실행할 준비가 됐다는 셸 프롬프트임을 상기하자.) 명령어 단 하나로 여러 프로그램을 동시에 작동시킬 수 있고, 그 명령어들이 상호 작용하도록 연결할 수도 있다. 다음 명령어는 who 프로그램의 출력을, wc 프로그램의 입력이 되도록 재설정한다. wc 프로그램은 텍스트 파일의 줄을 세는데 그 결과는 who 명령의 출력된 줄 수다.

```
→ who | wc -l
4
```

그리고 이 줄 수는 그 컴퓨터에 로그인한 사용자 수를 뜻한다.[10] '파이프'라는 수직선 기호(|)는 who와 wc 사이를 연결하는 역할을 한다.

셸은 사실 그 자체로 하나의 프로그램이며 여러 종류가 있다. 특히 여러 리눅스 배포판에서 기본 셸로 지정되어 사용되고 있는 배시에 대

---

10 사실은 사용자가 실행 중인 대화형 셸의 개수다. 예제에 나온 사용자 'silver'처럼 사용자가 셸 두 개를 실행하고 있다면 who의 출력 결과는 두 줄일 것이다.

해 집중적으로 알아볼 것이며, 이 프로그램은 */bin/bash*에 위치하고 있다. 현재 배시를 실행하고 있는지 확인하고 싶다면 다음을 입력하자.

```
→ echo $SHELL
/bin/bash
```

배시를 실행하고 있지 않다면 bash 명령어를 직접 실행하면 된다(작업을 끝내고 본래의 셸로 돌아가고 싶다면 exit를 입력하면 된다). 또는 배시를 기본값으로 설정하고 싶다면 chsh(190쪽)을 참고하자.

셸 대 프로그램

명령어를 실행할 때 리눅스 프로그램일 수도 있고(who와 같은), 셸 내장(built-in) 명령어일 수도 있다. 이러한 차이는 type 명령어로 알아낼 수 있다.

```
→ type who
who is /usr/bin/who
→ type cd
cd is a shell builtin
```

배시의 선별된 기능

셸은 단순히 명령어를 실행하는 것보다 훨씬 더 많은 작업을 수행할 수 있으며, 이러한 작업을 좀 더 강력하고 쉽게 수행할 수 있도록 하는 기능을 가지고 있다. 이를테면 파일명 중 불확실한 일부를 지칭하기 위한 와일드카드(wildcard), 이전 명령어를 빠르게 상기하기 위한 명령어 히스토리(command history), 명령어의 출력을 또 다른 명령어의 입력으로 만드는 파이프, 셸에서 사용하기 위한 값을 저장하는 변수 등 다양하다. 이런 특징을 알고 익숙해지면 리눅스를 다룰 때 좀 더 생산적이고 빨라질 것이다. 이런 유용한 도구들을 살펴보자(전체 문서를 보려면 info bash를 실행하자).

와일드카드

와일드카드는 이름이 비슷한 파일들을 한 번에 지칭할 수 있게 해 준다. 예를 들어 a*는 소문자 a로 시작하는 모든 파일을 의미하며, 셸은 와일드카드를 실제 파일명과 일치하는 형태로 확장(expand)한다. 다음과 같이 입력하면,

→ ls a*

셸은 우선 a*를 현재 디렉터리 내에 존재하는 a로 시작하는 파일명으로 확장해 나간다. 즉, 다음과 같이 입력한 것처럼 받아들인다.

→ ls aardvark adamantium apple

ls 명령어는 와일드카드가 사용됐다는 것을 인식하지 못하고, 셸이 와일드카드를 확장한 후인 최종 파일명 목록만을 인식한다. 즉, '모든' 리눅스 명령어는 그 출처(origin)에 상관없이, 와일드카드를 비롯한 다른 셸 기능들과 함께 작동할 수 있다는 뜻이다. 이는 매우 중요한 내용이다. 놀랍게도 매우 많은 리눅스 사용자들이 프로그램 자체가 와일드카드를 확장하여 해석한다고 잘못 알고 있다. 와일드카드는 관련된 프로그램이 실행되기도 전에 오로지 셸에 의해 조절된다.

마침표 파일

파일명이 마침표(.)로 시작하는 파일을 **마침표 파일**(dot file)이라고 부른다. 마침표로 시작하는 파일들은 특정 프로그램에 노출되지 않는다.

- ls는 -a 옵션을 입력하지 않으면 디렉터리 목록에서 마침표 파일을 누락시킨다.
- 셸 와일드카드는 마침표로 시작하는 파일명은 매치시키지 않는다.

사실상 마침표 파일들은 사용자가 명백하게 보고자 하지 않는 한 숨겨져 있어서 '숨김 파일'(hidden file)이라고 부르기도 한다.

와일드카드는 마침표(.)로 시작하는 경우와 디렉터리를 의미하는 슬래시(/) 두 가지와는 절대 매치되지 않는다. 따라서 .profile을 지칭하기 위해서는 .pro*처럼, /etc 디렉터리 내의 conf로 끝나는 모든 파일을 매치하기 위해서는 /etc/*conf처럼 반드시 직접 하나씩 입력해야 한다.

와일드카드	의미
*	0개 이상의 연속되는 문자
?	어떤 한 문자
[set]	set에 포함된 특정 문자를 지칭한다. 즉, [aeiouAEIOU]는 모든 모음을 뜻하고, [A-Z]와 같이 대시(-)가 포함될 경우 A부터 Z에 이르는 모든 대문자를 뜻한다.
[^set]	set에 포함되지 않은 특정 문자를 지칭한다. 즉, [^0-9]는 숫자가 아닌 모든 문자를 뜻한다.
[!set]	[^set]와 동일하다.

글자 세트를 이용할 때, 문자로서의 대시(-)를 세트에 포함시키고 싶다면 처음 또는 마지막에 사용하자. 문자로서 ']'(closing square bracket)를 포함시키고 싶다면 처음에 사용하자. 문자로서의 ^ 또는 !를 포함시키려면 처음에 위치시키지 말라.

중괄호 확장

와일드카드처럼 중괄호 표현식도 확장되어 명령어에 대한 복수의 인자가 될 수 있다. 쉼표로 구분된

{ X, YY, ZZZ }

는 명령행에서 다음과 같이 처음은 X, 다음은 YY, 마지막은 ZZZ로 확장한다.

→ **echo sand{X,YY,ZZZ}wich**
sandXwich sandYYwich sandZZZwich

와일드카드는 현재 존재하는 파일명과 매치될 때만 확장되지만 중괄
호는 모든 조건에서 작동한다.

셸 변수

변수와 그 값들은 대입하여 정의할 수 있다.

→ **MYVAR=3**

변수명 앞에 달러($) 표시를 입력하면 변숫값을 쉽게 확인할 수 있다.

→ **echo $MYVAR**
3

몇몇 변수는 규격화되어 있고 공통적으로 정의되어 있어 셸에 로그인
만 하면 된다.

변수	의미
DISPLAY	X 윈도우 디스플레이명
HOME	/home/smith 같은 홈 디렉터리
LOGNAME	smith와 같은 로그인명
MAIL	/var/spool/mail/smith와 같은 메일 수신함
OLDPWD	가장 최근 cd 명령어로 디렉터리를 옮기기 이전 디렉터리
PATH	셸의 검색 경로 디렉터리는 콜론(:)으로 구분된다.
PWD	현재 디렉터리
SHELL	/bin/bash 같은 셸로 가는 경로
TERM	xterm 또는 vt100 같은 터미널 타입
USER	로그인명

변수의 범위(어떤 프로그램이 변수 사용이 가능한지 같은)는 셸에 의해 정의된다는 점에서 셸 자체다. 변수와 변숫값을 셸에서 호출한 다른 프로그램(이를테면 서브셸)에서 사용하려면 export 명령어를 사용한다.

→ `export MYVAR`

또는 줄여서 다음과 같이 한다.

→ `export MYVAR=3`

이제 앞의 변수는 셸의 '환경' 내에서 다른 프로그램이 사용할 수 있으며, 따라서 '환경 변수'(environment variable)라 부른다. 앞으로 나올 예제에서 MYVAR 변수는 동일한 셸에서 작동하는 모든 프로그램에 사용 가능하다(셸 스크립트 포함. 263쪽, '변수' 참고).

셸의 환경 변수 목록을 보려면 다음을 실행하라.

→ `printenv`

환경 변수의 값을 특정 프로그램에 한 번만 제공하고 싶다면 명령행 앞부분에 *variable=value*를 덧붙이면 된다.

```
→ printenv HOME
/home/smith
→ HOME=/home/sally printenv HOME
/home/sally
→ printenv HOME
/home/smith            원래 값은 변하지 않는다.
```

검색 경로

프로그램들은 */bin*, */usr/bin* 같은 디렉터리 내부나 리눅스 파일 시스템 전반에 흩어져 있다. 셸 명령을 통해 프로그램을 실행할 때 셸이 어떻게 그 프로그램을 찾을 수 있을까? 매우 중요한 PATH라는 변수가 어디

를 찾아보면 되는지 셸에 알려 준다. 다음과 같은 명령어를 입력하면

→ **who**

셸은 리눅스 디렉터리를 뒤져 who 프로그램이 어디에 있는지 찾으려 한다. 셸은 먼저 경로 값(콜론으로 구분된 디렉터리 순서)을 살펴본다.

→ **echo $PATH**
`/usr/local/bin:/bin:/usr/bin`

그리고 나서 각 디렉터리에서 who 명령어가 있는지 찾아본다. who (*/usr/bin/who*라 하자)를 찾으면 그 명령어를 실행한다. 찾지 못하면 다음과 같은 실패를 보고할 것이다.

`bash: who: command not found`

임시로 셸의 검색 경로에 디렉터리를 추가하려면 PATH 변수를 변경하면 된다. 예를 들어, */usr/sbin*을 셸의 검색 경로에 덧붙이려면 다음과 같이 하면 된다.

→ **PATH=$PATH:/usr/sbin**
→ **echo $PATH**
`/usr/local/bin:/bin:/usr/bin:`**`/usr/sbin`**

이러한 변경은 현재 실행 중인 셸에만 영향을 끼친다. 시스템 재시동 이후에도 영구적으로 적용되도록 하려면 '셸 환경 제어'(54쪽)에서 설명한 것처럼 환경 설정 파일인 *~/.bash_profile*에서 PATH 변수를 변경하면 된다. 그런 다음 로그아웃 후 다시 로그인하거나 *~/.bash_profile*을 현재 셸 창에서 다음과 같이 수동으로 실행하면 된다.

→ **. $HOME/.bash_profile**

별칭

내장 명령어인 alias는 긴 명령어를 간편하고 빠르게 입력할 수 있는 명령어로 재정의할 수 있다. 예를 들어

→ **alias ll='ls -lG'**

는 ls -lG를 실행하는 새로운 명령어 ll을 정의한다.

```
→ ll
total 436
-rw-r--r--  1  smith  3584  Oct 11 14:59  file1
-rwxr-xr-x  1  smith   72   Aug  6 23:04  file2
...
```

~/.bash_aliases 파일에다 별칭을 정의하면(54쪽, '셸 환경 제어' 참조) 로그인 후 언제든 사용할 수 있다.[11] 모든 별칭 목록을 보려면 alias를 입력하면 된다. 별칭이 매개 변수나 분기(branching)가 없어 유용하지 않게 느껴진다면 '셸 스크립트 프로그래밍'(261쪽)을 참고하자. 또 info bash를 실행해 '셸 함수'(shell function)를 습득하자.

입출력 리다이렉션

셸은 표준 입력, 표준 출력, 표준 에러를 파일 형태로 보낼 수도, 받을 수도 있다(264쪽, '입력과 출력' 참조). 다시 말하면, 표준 입력으로 들어오는 어떠한 명령어도 셸의 < 연산자(operator) 말고 그 파일로부터 입력을 가질 수 있다.

→ *any command* < *infile*[12]

마찬가지로 표준 출력으로 쓰기를 하는 명령어도 파일에 쓰기를 할 수 있다.

---

11 *~/.bashrc*를 사용하기도 한다.
12 (옮긴이) any command 자리에 명령어, infile 자리에 파일명을 넣는다.

```
→ any command > outfile          outfile을 생성, 덮어쓰기
→ any command >> outfile         outfile에 추가(append)
```

표준 에러로 출력해야 하는 명령어 또한 표준 출력이 화면에 해당 내용을 출력하는 동안 동일한 내용을 파일로 리다이렉트하여 기록할 수 있다.

```
→ any command 2> errorfile
```

표준 출력과 표준 에러를 파일로 리다이렉트하려면 다음과 같다.

```
→ any command > outfile 2> errorfile     파일 분리
→ any command >& outfile                 하나의 파일
→ any command &> outfile                 하나의 파일
```

파이프

셸 파이프(|) 연산자를 사용하여 어떤 명령어의 표준 출력을 다른 명령어의 표준 입력으로 리다이렉트할 수 있다(일반적인 키보드에서 엔터 키 바로 위에서 이 기호를 찾을 수 있다). 예를 들어

```
→ who | sort
```

는 who의 출력, 즉 로그인된 사용자들의 목록을 sort 프로그램으로 전송하고 sort는 이를 알파벳순으로 출력한다. 복수의 파이프도 작동 가능하다. 자, who의 출력을 다시 sort로 정렬하고, awk를 사용하여 첫 번째 열의 정보를 추출한 후, 그 결과를 한 번에 한 페이지씩 보여 줄 것이다.

```
→ who | sort | awk '{print $1}' | less
```

프로세스 대체

파이프는 어떤 프로그램의 출력을 또 다른 프로그램으로 전송해 준다.

한 단계 나아간 기능인 프로세스 대체(process substitution)는 그 출력을 지정된 파일로 바꾸어 준다. 두 파일의 내용을 비교하는 프로그램이 있다고 하자. 프로세스 대체 연산자, <()를 사용하면 두 프로그램의 출력을 비교할 수 있다. JPEG와 텍스트 파일이 쌍으로 존재하는 디렉터리가 있다고 가정해 보자.

```
→ ls jpegexample
file1.jpg  file1.txt  file2.jpg  file2.txt ...
```

그리고 모든 JPEG 파일과 텍스트 파일이 서로 상응하는 파일을 가지고 있는지 확인하고 싶다. 일반적으로는 JPEG 파일명을 가지고 있는 임시 파일과 텍스트 파일명을 가지고 있는 두 개의 임시 파일을 생성한 후, cut을 이용하여 파일 확장자를 제거하고 diff로 두 개의 임시 파일을 비교할 것이다.

```
→ cd jpegexample
→ ls *.jpg | cut -d. -f1 > /tmp/jpegs
→ ls *.txt | cut -d. -f1 > /tmp/texts
→ diff /tmp/jpegs /tmp/texts
5a6
> file6          file6.jpg를 찾지 못함
8d8
< file9          file9.txt를 찾지 못함
```

프로세스 대체를 사용하면 동일한 작업을 임시 파일 없이 하나의 명령어로 수행할 수 있다.

```
→ diff <(ls *.jpg|cut -d. -f1) <(ls *.txt|cut -d. -f1)
```

각각의 <() 연산자는 명령행의 각 파일이 ls와 cut의 출력을 포함하고 있는 것처럼 작업을 수행한다.

명령어 결합

명령어 여러 개를 한 줄로 순서대로 적용하려면 세미콜론으로 나누면 된다.

→ *command1 ; command2 ; command3*

좀 전과 같이 명령어를 순서대로 실행하되, 그중 하나라도 실패할 경우 실행을 중지하려면 &&('and'를 의미) 기호로 분리하면 된다.

command1 && command2 && command3

명령어를 순서대로 실행하되 하나가 성공할 경우 실행을 멈추게 하고 싶으면 ||('or'의 의미)로 분리하면 된다.

→ *command1 || command2 || command3*

따옴표

보통 명령행의 낱말들을 나눌 때 셸은 공백(whitespace)으로 처리한다. 어떠한 낱말이 공백을 포함하고 있다면(예를 들어 파일명에 띄어쓰기가 있는 경우), 셸이 하나의 단위로 처리할 수 있도록 작은따옴표와 큰따옴표로 열고 닫으면 된다. 작은따옴표는 그 내용물을 낱말 그대로 처리하며 큰따옴표는 변수를 평가(evaluate)해서 처리한다.

```
→ echo 'The variable HOME has value $HOME'
The variable HOME has value $HOME
→ echo "The variable HOME has value $HOME"
The variable HOME has value /home/smith
```

역따옴표(backtick: ` 기호를 말하며 보통 키보드의 탭 키 위에 있다)는 그 안의 내용을 셸 명령어로 인식하고, 그 내용은 명령어에 의한 표준 출력으로 바뀐다.

```
→ date +%Y                        현재 연도(year)를 출력
2016
→ echo This year is `date +%Y`
This year is 2016
```

달러 기호($)와 괄호는 역따옴표와 동일하게 해석된다.

```
→ echo This year is $(date +%Y)
This year is 2016
```

하지만 큰 단위에 작은 단위를 끼워 넣을 수 있다는 점에서 더 낫다.

```
→ echo Next year is $(expr $(date +%Y) + 1)
Next year is 2017
```

이스케이핑

어떤 문자가 셸에서 특별한 의미를 가지고 있는데 문자 그대로의 뜻으로 사용하고 싶다면(예를 들어 *를 와일드카드가 아닌 별표라는 문자 자체로 사용하는 경우), 그 문자 앞쪽에 역슬래시 문자(\)를 사용하면 된다. 이와 같은 경우를 특수 문자를 '이스케이핑'(escaping)한다고 말한다.

```
→ echo a*                         와일드카드처럼 a로 시작하는 파일명 매칭
aardvark adamantium apple
→ echo a\*                        문자 그대로의 별표
a*
→ echo "I live in $HOME"          변숫값 출력
I live in /home/smith
→ echo "I live in \$HOME"         문자 그대로의 $
I live in $HOME
```

제어 문자(control character: 탭, 새로운 줄, ^D 등)도 ^V를 문자 앞쪽에 사용하면 명령행 내에서 문자 그대로 사용할 수 있게 이스케이핑할 수 있다. 이와 같은 기능은 (이스케이핑하지 않으면 파일명 완성에 사용되는) 탭 키를 이용할 경우 특히 유용하다(46쪽, '파일명 완성' 참조).

```
→ echo "There is a tab between here^V    and here"
There is a tab between here      and here
```

명령행 편집

배시는 텍스트 편집기 이맥스와 vi의 영향을 받아서 키를 눌러 현재 작업하고 있는 명령행을 편집할 수 있다(74쪽, '파일 생성과 편집' 참조). 이맥스 키를 사용하여 명령행 편집을 하려면 다음 명령어를 실행하고, 영구적으로 사용하려면 ~/.bash_profile에 두면 된다.

```
→ set -o emacs
```

vi(또는 vim) 키를 사용하려면 다음 명령어를 실행하면 된다.

```
→ set -o vi
```

이맥스 키 입력	vi 키 입력(ESC 키 누른 후)	의미
^P 또는 위 화살표	k	이전 명령어로 이동
^N 또는 아래 화살표	j	다음 명령어로 이동
^R		양방향으로 이전 명령어 검색
^F 또는 오른쪽 화살표	l	앞으로 한 글자 이동
^B 또는 왼쪽 화살표	h	뒤로 한 글자 이동
^A	0	줄의 처음으로 이동
^E	$	줄의 끝으로 이동
^D	x	다음 글자 삭제
^U	^U	전체 줄 삭제

명령어 히스토리

셸 히스토리는 이전에 실행했던 명령어를 다시 불러들이거나 재실행할 수 있다. 히스토리와 관련된 유용한 명령어 목록은 다음과 같다.

명령어	의미
history	히스토리 출력
history N	히스토리 내에서 가장 최근의 N개 명령어 출력
history −c	히스토리 삭제
!!	이전 명령어 재실행
!N	명령어 순번 N 재실행
!−N	N번째 전에 실행한 명령어 실행
!$	이전 명령어의 마지막 매개 변수를 상징한다. 파일 삭제처럼 위험한 연산 전에 확인하기 위해 사용하면 유용하다. → ls z* zebra.txt zookeeper → rm !$ 'rm z*'와 같음
!*	이전 명령어의 전체 매개 변수를 상징 **ls myfile emptyfile hugefile** emptyfile hugefile myfile → wc !* 　　　18　　　　211　　　1168 myfile 　　　　0　　　　　0　　　　　0 emptyfile 　333563　2737539 18577838 hugefile 　333581　2737750 18579006 total

파일명 완성

파일명을 입력할 때 탭 키를 누르면 셸이 자동으로 그 파일명을 완성(입력하려는 내용 자동 완성)할 것이다. 중간까지 입력했던 것과 일치하는 파일명이 여러 개 있다면 셸은 삐 소리를 내어 매치가 불분명함을 나타낼 것이다. 곧바로 탭 키를 다시 누르면 선택 가능한 것들을 보여 준다. 다음을 시도해 보자.

→ cd /usr/bin
→ ls un<Tab><Tab>

셀은 */usr/bin* 내부에, *uniq*와 *unzip* 같은 *un*으로 시작하는 모든 파일을 나타낼 것이다. 몇 글자를 더 입력하여 파일명을 확실하게 한 후 탭 키를 다시 눌러 보자.

셀 작업 제어

jobs	작업 목록 나열
&	작업을 백그라운드에서 실행
^Z	현재 작업을 잠시 정지
suspend	셸 일시 정지
fg	작업을 재실행하며 포그라운드로 가져옴
bg	정지된 작업을 백그라운드로 보내며 실행

모든 리눅스 셸은 백그라운드(화면 뒤에서 수행되는 멀티태스킹 기능)와 포그라운드(셸 프롬프트에서 실행되는 현재 프로세스)에서 실행되는 프로세스를 관리하는 작업 관리(job control) 기능을 가지고 있다. '작업'(job)은 쉽게 말해서 셸의 작업 단위다. 명령어를 실행할 때 셸은 해당 명령어를 하나의 작업으로서 추적 관리한다. 또한 명령어가 끝났을 때 이와 연관된 작업이 사라진다. 작업은 리눅스의 프로세스보다 상위에 존재하며, 리눅스 운영 체제는 작업에 대해서는 아무것도 알지 못한다. 이것들은 단지 셸이 구성한 작업 단위에 불과할 뿐이다. 작업 관리에 대한 몇 가지 주요 낱말을 살펴보자.

포그라운드 작업

　셸 내에서 실행되고 있으며 셸 프롬프트를 사용하고 있어 다른 명령어를 실행할 수 없다.

백그라운드 작업

　셸 내에서 실행되고 있으나 셸 프롬프트를 사용하고 있지 않아 동일한 셸 내에서 다른 명령어를 실행할 수 있다.

일시 정지(suspend)

포그라운드 작업을 일시적으로 중지한다.

재시작(resume)

중지된 작업을 포그라운드 내에서 다시 실행한다.

---

jobs

내장 명령어인 jobs는 현재 셸의 실행 중인 작업 목록을 보여 준다.

```
→ jobs
[1]- Running                 emacs myfile &
[2]+ Stopped                 ssh example.com
```

왼쪽의 숫자는 작업 번호이고, 더하기 기호는 fg(foreground, 포그라운드)와 bg(background, 백그라운드) 명령어에 영향을 받는 작업을 확인시켜 준다.

&

이 기호를 명령행의 끝 부분에 위치시키면 주어진 명령어를 백그라운에서 실행한다.

```
→ emacs myfile &
[2] 28090
```

작업 번호(2)와 그 명령어의 프로세스 아이디(28090)를 보여 준다.

^Z

포그라운드에서 작업이 실행되는 동안 ^Z를 입력하면 그 작업을 정지
시킨다. 이것은 단순히 실행을 멈추는 것이고 그 상태는 유지된다.

```
→ sleep 10                      10초간 기다리라.
^Z
[1]+ Stopped                 sleep 10
→
```

이제 백그라운드로 명령을 보내려면 bg, 또는 포그라운드에서 재개하
려면 fg를 입력하면 된다. 또한 정지 말고도 다른 명령어들도 실행할
수 있다.

suspend

내장 명령어인 suspend는 셸 자신에게 ^Z를 친 것처럼 현재 셸을 정지
시킨다. 여러분이 슈퍼 사용자 셸을 sudo 명령어로 만들었다가 다시
원래 셸로 돌아가고 싶다면 다음과 같이 해 보자.

```
→ whoami
smith
→ sudo bash
Password: *******
# whoami
root
# suspend
[1]+ Stopped          sudo bash
→ whoami
smith
```

bg

bg [*%jobnumber*]

내장 명령어 bg는 정지되어 있는 작업을 백그라운드에서 실행하게 한다. 당연히 bg는 가장 최근에 중지됐던 작업을 실행한다. 특정 작업(jobs 명령어로 보이는 것 중)을 지정하고 싶다면 작업 번호 앞에 퍼센트 기호를 넣으면 된다.

→ **bg %2**

상호 작용을 하는 작업 중, 백그라운드에서 유지될 수 없는 타입들이 있다. 예를 들면, 입력이 들어오길 대기하고 있는 것들이다. 셸은 그 작업을 중지하고 다음을 보여 줄 것이다.

[2]+ Stopped   *명령어가 여기에 나온다.*

자, 이제 작업을 다시 시작하고(fg로) 계속하면 된다.

fg

fg [*%jobnumber*]

내장 명령어 fg는 중단됐거나 백그라운드로 보낸 작업들을 다시 포그라운드로 가져올 수 있다. 기본적으로 가장 최근에 정지됐거나 백그라운드로 보내졌던 작업을 선택한다. 특정 작업(jobs 명령어로 보이는 것 중)을 지정하고 싶다면 작업 번호 앞에 퍼센트 기호를 넣으면 된다.

→ **fg %2**

한 번에 여러 셸 실행하기

작업 제어로 한 번에 여러 명령어를 관리할 수 있다. 하지만 포그라운드에서는 한 번에 하나만 실행 가능하다. 더 강력하게는, 포그라운드와 백그라운드 개수에 상관없이 한 번에 여러 개의 셸을 실행할 수도 있다.

KDE 또는 GNOME 같은 윈도우 시스템을 사용하는 리눅스 컴퓨터라면 다수의 셸 창을 열어 손쉽게 여러 셸을 동시에 실행할 수 있다(18쪽, '셸 실행하기' 참조). 또한 KDE 콘솔과 같은 특정 셸 창 프로그램은 한 창 안에서 탭을 여러 개 열어서 탭마다 각각 하나의 셸을 실행할 수 있다.

윈도우 시스템이 없다 하더라도, SSH 네트워크를 통해 접속했다면 한 번에 여러 셸을 다룰 수 있다. screen이라는 프로그램은 각각 하나의 셸을 실행할 수 있는 여러 윈도우를 구현하기 위해 일반적인 아스키(ASCII) 터미널을 사용한다. 특정 키 입력을 통해 현재의 셸 창에서 다른 창으로 마음대로 바꿀 수 있다(tmux도 이와 비슷한 프로그램이다). 하나의 세션을 screen과 함께 시작하고 싶다면 단순히 다음을 입력하면 된다.

→ `screen`

서두에 안내 메시지가 몇 줄 나오고 나면 보통의 셸 프롬프트가 나올 것이다. 아무것도 달라지지 않아 보이지만 가상의 창 내에서 새로운 셸을 실행하고 있다. screen 프로그램은 이와 같은 창을 0부터 9까지 총 열 개를 제공한다.

`ls`처럼 간단한 명령어를 입력하고 ^A^C(컨트롤-A, 컨트롤-C)를 입력하자. 화면이 깨끗해지고 새로운 셸 프롬프트가 나타날 것이다. 사실상 이것은 두 번째 독립적 창이다. 다른 명령어를 실행해 본 후(df라 치자), ^A^A를 눌러보면 `ls`의 출력을 다시 볼 수 있는 첫 번째 창으로

돌아올 것이다. 두 번째 창으로 전환하려면 ^A^A를 다시 누르면 된다.
여기 많이 쓰이는 키 입력 목록이 있다(창에서 도움말을 보고 싶으면
맨페이지를 보거나 ^A?를 입력하자).

^A?	도움말: 키 입력 명령어 전부를 보여 준다.
^A^C	새로운 창 생성
^A0, ^A1 ... ^A9	각각 창 0부터 9까지 전환
^A'	하단에 프롬프트가 생성되며 0~9 중 하나를 입력하여 선택적으로 전환
^A^N	숫자상 다음 창으로 전환[13]
^A^P	숫자상 이전 창으로 전환
^A^A	가장 최근 사용했던 다른 창으로 전환(창 두 개 사이에서 왔다 갔다 함)
^A^W	모든 창의 목록
^AN	현재 창 번호 출력(N은 대문자)
^Aa	창과 상관없이 컨트롤-A를 현재 셸에 보낸다. 배시에서 컨트롤-A는 명령행의 첫 번째 줄로 이동하라는 명령어다(a는 소문자).
^D	현재 셸을 종료한다(54쪽, '셸 종료하기' 참조). 어떤 셸도 종료하는 가장 흔하게 쓰이는 파일 종료(end of file)의 키 입력이다.
^A\	모든 창을 종료하고 screen을 종결

screen 창 안에서 텍스트 편집기를 사용할 때 주의해야 할 점이 있다.
편집기 명령 중 컨트롤-A가 사용되어도 screen은 자신의 키 입력으로
인식하기 때문에 편집기에 컨트롤-A 명령을 보내고 싶으면, ^Aa를 입

---

13 (옮긴이) 이전에 전환한 순서와는 상관없이 현재 창 번호 다음 숫자의 창으로 전환

력해야 한다.

실행 중인 명령 중지하기

포그라운드에서 돌아가고 있는 셸에 명령어를 실행했는데 이를 즉시 중지하고 싶다면 ^C를 입력하면 된다. 셸은 ^C를 '현재 포그라운드 명령어를 바로 중지하라'는 의미로 인지한다. 그러므로 매우 긴 파일을 디스플레이하는 중에(cat 명령어로 보고 있다고 하자) 이를 멈추고 싶다면 ^C를 치면 된다.

```
→ cat hugefile
Lorem ipsum dolor sit amet, consectetur adipiscing
odio. Praesent libero. Sed cursus ante dapibus diam.
quis sem at nibh elementum blah blah blah[14] ^C
→
```

백그라운드에서 실행 중인 프로그램을 중지하고 싶다면 fg로 포그라운드로 가져온 후 ^C를 입력한다.

```
→ sleep 50 &
[1] 12752
→ jobs
[1]- Running      sleep 50 &
→ fg %1
sleep 50
^C
→
```

또는 kill 명령어로 대체 가능하다(164쪽, '프로세스 제어하기' 참조).

---

14 (옮긴이) 'Lorem ipsum'으로 시작하는 문구는 라틴어 낱말을 의미 없이 나열한 것으로 디자인 또는 테스트를 위해 주로 사용된다. 즉, 이 예제에서는 낱말들이 의미 없이 굉장히 길게 저장되어 있는 hugefile이라는 파일을 cat 명령어로 화면에 출력하도록 강제한 예제라는 뜻이다.

정지 상태의 셸 복구하기

^C로 포그라운드 프로그램을 중지하면 셸에 키 입력이 되지 않거나 응답을 하지 않거나 그 외의 이상한 상태가 될 수도 있다. 이러한 일은 중지된 프로그램이 스스로를 정리할 기회가 없었기 때문에 일어난다. 이런 일이 발생한다면 다음과 같이 하자.

1. 셸 프롬프트를 얻기 위해 ^J를 입력하자. 이 키 입력은 엔터 키와 비슷한 특성(새로운 줄)을 가지나 엔터 키가 작동하지 않을 때도 작동할 것이다.
2. reset 명령어를 입력하자(입력하고 있는 문자들이 보이지 않더라도). 그리고 이 명령어를 실행하기 위해 다시 ^J를 쳐라. 그러면 셸이 다시 정상 상태로 돌아올 것이다.

^C를 입력하는 것은 프로그램을 종료하기에 좋은 방법은 아니다. 어떤 프로그램만의 종료 방법이 있을 경우 가능하다면 그 방법을 사용하자 (자세한 설명은 좀 더 진행해 나가면서 언급하겠다).

^C는 셸 내부에서만 동작하므로 셸 창이 아닌 다른 애플리케이션에서는 영향을 미치지 않는다. 추가로, 어떤 명령행 프로그램들은 ^C를 잡아채서 그것을 무시한다. 일례로 이맥스 텍스트 편집기가 그렇다.

셸 종료하기

셸을 종료하려면 exit 명령어를 실행하거나 ^D[15]를 치면 된다.

```
→ exit
```

셸 환경 제어

특정 방식으로 셸을 설정하고 싶다면 홈 디렉터리 내부의 *.bash_profile* 과 *.bashrc* 파일을 수정하라. 로그인할 때마다 *~/.bash_profile*이, 셸을 열 때마다 *~/.bashrc*가 실행된다. 이 파일들은 변수와 별칭을 설정하고,

---

15 컨트롤-D 명령어는 표준 입력을 받는 몇몇 프로그램에게 '파일 종료'의 의미다. 이 경우 프로그램이 셸 자신이므로 셸이 종료된다.

프로그램을 실행하고, 환경 설정을 출력하는 등 원하는 뭐든지 할 수 있다.

이 두 파일은 셸 명령어를 내포하고 있는 실행 가능한 셸 스크립트 파일의 예다. '셸 스크립트 프로그래밍'(261쪽)에서 더 자세히 다룰 것이다.

이걸로 리눅스와 셸에 대한 기본 개요를 마무리하고 이제 리눅스 명령어들을 살펴보자. 작업을 수행할 때 사용하는 파일, 프로세스, 사용자, 네트워킹, 멀티미디어 등 가장 유용한 명령어들을 열거하고 서술할 것이다.

파일 기본 조작

ls   디렉터리 내 파일 열거

cp   파일 복사

mv   파일명 변경('move'의 줄임말)

rm   파일 삭제('remove'의 줄임말)

ln   파일의 링크(대체 명칭) 생성

리눅스 시스템에서 가장 먼저 할 일은 파일 복사, 이름 변경, 삭제 등의 파일 조작이다.

---

ls   stdin **stdout** - file -- **opt** --**help** --**version**

ls [*options*] [*files*]

ls 명령어(철자 그대로 '엘에스'라고 발음)는 디렉터리와 파일의 속성(attribute)을 열거한다. 현재 디렉터리의 파일은 다음과 같이

→ **ls**

주어진 디렉터리는 다음과 같이

→ **ls dir1 dir2 dir3**

또는 개별적으로 다음과 같이

→ **ls myfile myfile2 myfile3**

호출하여 파일을 나열할 수 있다.

가장 중요한 옵션은 -a, -l, -d다. '마침표 파일'(35쪽)에서 설명한 것처럼 ls는 원래 마침표로 시작하는 파일은 보여 주지 않는다. -a 옵션은 마침표 파일을 포함한 모든 파일을 보여 준다.

→ **ls**
myfile myfile2
→ **ls -a**
.hidden_file myfile myfile2

-l 옵션은 다음과 같은 긴 항목을 제공한다.

→ **ls -l myfile**
-rw-r--r-- 1 smith users 1168 Oct 28 2015 myfile

왼쪽에서부터 오른쪽으로 해당 파일의 권한(-rw-r--r--), 하드 링크 개수(1), 소유주(smith), 그룹(users), 크기(1168바이트), 마지막 수정 날짜(Oct 28 2015), 파일명이다. 권한에 대한 좀 더 많은 정보는 '파일 보호'(30쪽)를 참고하라.

-d 옵션은 디렉터리 내부의 파일 목록으로 내려가기보다 그 디렉터리 자체의 정보를 열거한다.

→ **ls -ld dir1**
drwxr-xr-x 1 smith users 4096 Oct 29 2015 dir1

유용한 옵션

-a 마침표로 시작하는 파일명을 포함하여 모든 파일을 열거한다.

-l 파일 속성을 포함한 긴 목록. -h 옵션(human-readable, 사람이 읽을 만한)을 추가하면 파일 크기를 바이트 대신 킬로바이트, 메가바이트, 기가바이트로 출력한다.

-G 긴 목록 내에 그룹 소유주를 출력하지 않는다.

-F 파일 타입을 나타내는 의미 있는 기호를 파일명에 꾸며준다. '/'는 디렉터리, '*'는 실행 가능, '@'는 심벌릭 링크, '|'는 지정된 파이프, '='는 소켓을 뜻한다. 이것들은 단지 눈에 보여 주기 위한 기호일 뿐 파일명의 일부가 아니다!

-S 크기별로 파일을 정렬한다.

-t 가장 최근에 변경된 시간순으로 파일을 정렬한다.

-r 정렬된 순서를 반전시킨다.

-R 디렉터리를 열거할 때 그 하위 내용까지 재귀적으로[16] 열거한다.

-d 디렉터리를 열거할 때 하위 내용과 상관없이 디렉터리 자체의 정보만 열거한다.

---

cp   stdin stdout - file -- opt --help --version

cp [options] files (file | directory)

cp 명령어는 보통 파일을 복사한다.

→ **cp myfile anotherfile**

---

16 (옮긴이) 디렉터리의 하위 계층에 파일이나 디렉터리가 존재할 경우 차례차례 모든 파일이나 디렉터리까지 영향을 미치는 것을 프로그래밍에서 '재귀적'이라고 표현한다.

— Linux

또는 복수의 파일을 하나의 디렉터리(*mydir*이라고 하자) 내부로 복사한다.

→ `cp myfile myfile2 myfile3 mydir`

또한 -a 또는 -r 옵션을 사용하면 재귀적으로 디렉터리를 복사할 수도 있다.

유용한 옵션

-p 파일 내용뿐 아니라 파일의 권한, 타임스탬프를 복사하고 충분한 권한이 있다면 소유주와 그룹도 복사한다(보통 복사본은 복사하는 사람의 소유가 되고, 현재 시간을 기록하며, 원본의 권한이 아닌 복사하는 사람의 기본 umask 설정값으로 적용된다).

-a 디렉터리 서열을 재귀적으로 복사하며 모든 파일의 속성과 링크를 그대로 보전한다.

-r 디렉터리 서열을 재귀적으로 복사하되 권한과 타임스탬프 등의 속성과 링크를 그대로 보전하지 않는다. 심벌릭 링크는 보전한다.

-i 의사 결정 모드. 목적 파일에 겹쳐 쓰기 전에 확인한다.

-f 강제 복사. 목적 파일이 존재해도 무조건 겹쳐 쓴다.

---

mv   stdin stdout - file -- opt --help --version

mv [*options*] *source target*

mv(move) 명령어는 파일명을 바꿀 수 있다.

→ `mv somefile yetanotherfile`

또는 파일과 디렉터리를 목적 디렉터리로 옮길 수 있다.

→ mv myfile myfile2 dir1 dir2 *destination_directory*

유용한 옵션

-i   의사 결정 모드. 목적 파일을 덮어쓸지 확인한다.

-f   강제 이동. 목적 파일이 존재하더라도 무조건 덮어쓴다.

---

rm   stdin stdout - file -- opt --help --version

rm [*options*] *files | directories*

rm(remove) 명령어는 파일을 삭제할 수 있다.

→ rm deleteme deleteme2

또는 재귀적으로 디렉터리를 삭제할 수 있다.

→ rm -r dir1 dir2

유용한 옵션

-i   의사 결정 모드. 각 파일의 삭제 전 삭제 여부를 확인한다.

-f   강제 삭제. 에러나 경고 무시.

-r   재귀적으로 디렉터리와 그 내용물을 제거한다. -f 옵션과 함께 사용한다면 파일이 전부 사라질 수 있으니 주의하여 사용하자.

---

ln   stdin stdout - file -- opt --help --version

ln [*options*] *source target*

'링크'는 ln 명령어에 의해 생성된 또 다른 파일을 나타낸다. 당연히 링크는 하나의 파일이 동일한 순간에 여러 장소에 존재할 수 있도록 하나의 파일에 복수의 이름을 부여한다.

링크에는 두 가지 종류가 있다. 심벌릭 링크(심링크 또는 소프트 링크라고도 불림)는 윈도우의 '바로가기'(shortcut) 또는 맥OS의 '가상본' (alias)과 매우 비슷하게 경로를 통해 다른 파일을 나타낸다. 심벌릭 링크를 생성하려면 –s 옵션을 사용한다.

→ ln -s myfile mysoftlink

원본 파일을 삭제한다면 링크는 더는 유효하지 않고 존재하지 않는 파일 경로를 표시하게 된다. 반면 하드 링크(hard link)는 그저 디스크에 존재하는 물리적 파일의 두 번째 이름이 된다(기술적 표현을 빌리자면 같은 '아이노드'(inode)를 가리킨다고 함). 원래 파일을 지워도 링크는 여전히 작동한다. 그림 5에서 차이를 설명한다.

하드 링크를 생성하기 위해 다음과 같이 입력하자.

→ ln myfile myhardlink

심벌릭 링크는 파일 경로를 참조함으로써 다른 디스크 파티션에 있는 파일도 지정 가능하지만, 하드 링크는 다른 디스크 파티션에 지정하는 게 불가능하다. 아이노드는 하나의 디스크에서만 의미가 있기 때문에 다른 디스크에서는 의미가 없다. 심벌릭 링크는 디렉터리를 지정할 수 있지만 하드 링크는 그렇지 않다(슈퍼 사용자이며 –d 옵션을 사용한 경우에만 가능하다).

유용한 옵션
-s   하드 링크 대신 심벌릭 링크를 생성한다.
-i   의사 결정 모드. 목적 파일을 덮어쓰기 전에 확인한다.

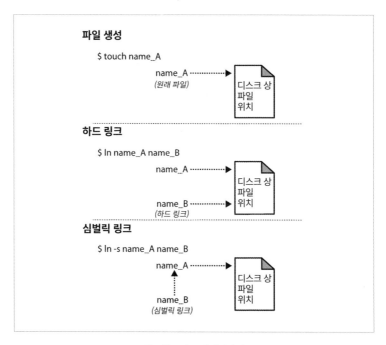

그림 5 하드 링크 대 심벌릭 링크

-f   강제 링크. 목적 파일이 존재해도 무조건 덮어쓴다.

-d   디렉터리의 하드 링크를 생성한다(슈퍼 사용자만 가능).

심벌릭 링크가 어디를 가리키는지 알기 위해서는 다음 명령어 중 하나를 실행하면 된다. 다음 *examplelink* 링크는 *myfile*을 가리킨다.

```
→ readlink examplelink
myfile
→ ls -l examplelink
lrwxrwxrwx 1 smith ... examplelink -> myfile
```

심벌릭 링크는 다른 심벌릭 링크를 가리킬 수 있다. 전체 링크의 끝이 어디를 가리키는지 알려면 readlink -f를 사용하면 된다.

디렉터리 관련 명령

cd   현재 디렉터리 변경(파일 시스템에서의 현재 위치)

pwd   현재 디렉터리 이름 출력

basename   파일 경로의 최종 부분 출력

dirname   최종 부분 제외한 파일 경로 출력

mkdir   디렉터리 생성

rmdir   비어 있는 디렉터리 삭제

rm -r   비어 있지 않은 디렉터리와 그 내용물 삭제

'파일 시스템'(21쪽)에서 리눅스 디렉터리 구조를 설명했다. 이제 그 구조 안에서 디렉터리를 생성하고 변경하고 삭제하고 조작하는 명령 어들을 다루도록 하겠다.

---

cd   stdin **stdout** - file -- opt --help --version

cd [*directory*]

cd(change directory, 디렉터리 변경) 명령어는 현재 작업 디렉터리를 설정한다.

→ **cd /usr/games**

디렉터리가 주어지지 않으면 cd의 기본값은 홈 디렉터리가 된다.

→ **cd**

---

pwd   stdin **stdout** - file -- opt --help --version

pwd

pwd 명령어는 현재 작업 디렉터리의 절대 경로를 출력한다.

→ **pwd**
/users/smith/linuxpocketguide

---

basename   stdin **stdout** - file -- opt **--help --version**

basename *path* [*extension*]

basename 명령어는 파일 경로의 최종 구성 요소를 출력한다.

→ **basename /users/smith/finances/money.txt**
money.txt

옵션으로 확장자를 제공하면 출력에서 이를 제거한다.

→ **basename /users/smith/finances/money.txt .txt**
money

---

dirname   stdin **stdout** - file -- opt **--help --version**

dirname *path*

dirname 명령어는 최종 구성 요소를 제거한 파일 경로를 출력한다.

→ **dirname /users/smith/mydir**
/users/smith

dirname은 현재 작업 디렉터리를 바꾸지는 않는다. basename처럼 단순히 문자열을 조작하고 출력한다.

mkdir

stdin stdout - file -- opt --help --version

mkdir [*options*] *directories*

mkdir 명령어는 한 개 또는 다수의 디렉터리를 생성한다.

→ **mkdir directory1 directory2 directory3**

유용한 옵션

–p   주어진 디렉터리 경로(단순한 디렉터리명이 아닌) 내에
서 필요한 모든 상위 디렉터리를 자동으로 생성한다.

→ **mkdir –p one/two/three**

명령은 지정한 디렉터리가 미리 만들어져 있지 않을 경
우 *one*, *one/two*, *one/two/three*를 모두 생성한다.

–m mode   주어진 권한으로 디렉터리를 생성한다.

→ **mkdir –m 0755 publicdir**

기본적으로 셸에 설정된 umask 값이 권한으로 부여된
다. '파일 속성'(80쪽)과 '파일 보호'(30쪽)에서 설명하는
chmod 명령어를 참고하자.

rmdir

stdin stdout - file -- opt --help --version

rmdir [*options*] *directories*

rmdir(remove directory) 명령어는 지정한 한 개 또는 다수의 빈 디렉
터리를 삭제한다.

→ **mkdir /tmp/junk**   *디렉터리 생성*
→ **rmdir /tmp/junk**

유용한 옵션

-p   디렉터리 경로를 제공한다면 (단순한 디렉터리명이 아닌) 주어진 디렉터리뿐 아니라 상위 디렉터리도 자동으로 제거한다. 모든 디렉터리는 비어 있어야 한다. 그러므로 `rmdir -p` one/two/three는 *one/two/three*뿐 아니라 *one/two*와 *one*도 제거한다.

비어 있지 않은 디렉터리와 그 내용물을 삭제하려면 `rm -r` *directory*를 신중하게 사용하자. 지우기 전에 확인하려면 `rm -ri`를, 어떠한 확인과 에러 메시지 없이 제거하려면 `rm -rf`를 사용하자.

파일 보기

cat   파일 내용 전체 보기

less   텍스트 파일을 한 번에 한 페이지씩 보기

nl   텍스트 파일의 내용을 줄 번호가 매겨진 채로 보기

head   텍스트 파일의 첫째 줄 보기

tail   텍스트 파일의 마지막 줄 보기

strings   바이너리 파일에 내포된 텍스트 보기

od   데이터를 팔진법으로 보기(또는 다른 포맷)

리눅스에서는 읽을 수 있는 텍스트를 포함하거나 (읽을 수 있길 바라는) 바이너리 데이터를 포함한 파일들과 마주친다. 이제 가장 기본적인 수준에서 어떻게 그 내용물을 확인할 수 있는지 설명하겠다.

---

cat   **stdin stdout - file -- opt --help --version**

cat [*options*] [*files*]

cat은 가장 단순한 뷰어로 파일 내용을 표준 출력으로 프린트하거나 파일들을 연결(concatenate)한다(명령어 이름이 바로 앞의 영어 낱말 (con'cat'enate)에서 나왔다).

→ **cat myfile**

큰 파일들은 화면에서 스크롤할 수 있는 범위를 벗어날 것이다. 그러 므로 출력을 읽을 계획이라면 less 사용을 고려해 보자. 그렇긴 해도 cat은 셸 파이프라인으로 파일 세트를 전송할 때 특히 유용하다.

→ **cat myfile* | wc**

cat은 몇 가지 방법으로 출력을 조작할 수 있다. 출력되지 않는 글자 를 선택적으로 표시하거나 줄 번호를 앞에 붙이거나(이 용도로는 nl 명령어가 좀 더 강력하긴 하지만) 공백을 제거할 수 있다.

유용한 옵션

–T	탭(tab)을 ^I로 출력
–E	줄 바꿈을 $로 출력
–v	출력할 수 없는 글자를 사람이 읽을 수 있는 포맷으로 출력
–n	모든 줄에 줄 번호를 추가
–b	비어 있지 않은 줄에 줄 번호를 추가
–s	두 개 이상 연속된 비어 있는 줄을 한 개의 줄로 출력

less

less [*options*] [*files*]

한 번에 한 '페이지'의 텍스트만 보려면 less를 사용하자(한 번에 하나의 창 또는 한 화면).

→ **less myfile**

텍스트 파일 또는 출력이 긴 셸 파이프라인의 최종 명령어로 사용하기에 좋다.

→ *command1* | *command2* | *command3* | *command4* | **less**

less를 실행하는 동안 이러한 기능에 대해 설명한 도움말 메시지를 보려면 h를 입력하자.

키 입력	의미
h, H	도움말 페이지 보기
스페이스 바, f, ^V, ^F	한 화면 앞으로 이동
엔터 키	한 줄 앞으로 이동
b, ^B, ESC-v	한 화면 뒤로 이동
/	검색 모드로 진입한다. 정규 표현식을 따르는 값을 입력하고 엔터를 누르면, less가 처음 매칭되는 줄을 찾아 줄 것이다.
?	/와 동일하지만 뒤에부터 찾는다.
n	다음 매칭 대상 검색: 최근 검색 대상의 정방향으로 반복 검색
N	최근 검색 대상의 역방향으로 반복 검색

17 기술적으로 less는 파이프라인 중간에 끼워 넣을 수 있고, 출력을 파일로 리다이렉션하는 것도 가능하지만, 이걸 할 만한 상황이 많진 않다.

v	기본 설정된 텍스트 편집기로 현재 파일을 편집(VISUAL이란 환경 변수에 설정, 없으면 EDITOR, 그것도 없으면 vi 프로그램을 사용)
<, g	파일의 시작점으로 이동
>, G	파일의 마지막 지점으로 이동
:n	다음 파일로 이동
:p	이전 파일로 이동

less는 믿기 어려울 만큼 기능이 많다. 이 책에서는 가장 많이 쓰이는 것들만 보여 준다(예를 들어 less는 압축된 zip 파일의 내용물도 보여 줄 수 있다. less myfile.zip을 시도해 보자). 맨페이지를 읽어 보기를 추천한다.

유용한 옵션

-c   다음 페이지를 나타내기 전에 화면을 깨끗하게 지운다. 스크롤을 내려야 하는 것도 피할 수도 있고 한눈에 좀 더 수월하게 보일 것이다.

-m   현재까지 보고 있는 위치를 파일 전체 크기의 백분율로 표시한다.

-N   줄 번호를 나타낸다.

-r   제어 문자를 문자 그대로 출력한다. less는 보통 제어 문자를 사람이 읽을 수 있는 포맷으로 변환한다.

-s   연속하여 나열된 비어 있는 줄들을 한 줄로 출력한다.

-S   긴 줄을 감싸는 대신 화면 너비로 자른다.

---

nl   **stdin stdout - file -- opt --help --version**

nl [options] [files]

---

nl은 그 파일의 줄 앞에 번호를 붙이면서 표준 출력으로 복사한다.

→ **nl poem**

```
1 Once upon a time, there was
2 a little operating system named
3 Linux, which everybody loved.
```

-n과 -b 옵션이 있어서 cat보다 좀 더 탄력적으로 번호 조절을 할 수 있다.

유용한 옵션

-b [a|t|n|p R] 줄 앞에 줄 번호를 붙이는데 a는 모든 줄에, t는 비어 있지 않은 줄에, n은 줄이 아닌 데에, R은 정규 표현식이 들어 있는 줄에만 붙인다(기본값=a).

-v *N* 정수 *N*부터 번호를 매긴다(기본값=1).

-i *N* 각 줄마다 *N*만큼 번호가 증가한다. 예를 들어 홀수(-i2) 또는 짝수(-v2 -i2)만 사용할 수도 있다(기본값=1).

-n [ln|rn|rz] 숫자 왼쪽 정렬(ln), 오른쪽 정렬(rn), 0이 먼저 오는 숫자 포함 오른쪽 정렬(rz)(기본값=ln)

-w *N* 해당 숫자만큼의 가로 열(column)로 강제한다(기본값=6).

-s *S* 줄 번호와 텍스트 사이에 문자열 *S*를 삽입한다(기본값=탭).

---

head   stdin stdout - file -- opt --help --version

head [*options*] [*files*]

파일 보기 **69**

head 명령어는 파일의 처음 열 줄을 출력한다. 그 파일의 내용을 확인하기에 매우 좋다.

```
→ head myfile
→ head myfile* | less        여러 파일을 미리 보기
```

또한 현재 디렉터리에서 가장 최근에 변경된 파일 열 개의 내용을 파이프라인으로 받아서 출력해 처음 몇 줄을 미리 보기에도 좋다.

```
→ ls -lta | head
```

유용한 옵션

-n *N*   열 줄 대신 첫 *N*줄을 출력한다.

-*N*   -n *N*과 같다.

-c *N*   파일의 첫 *N*바이트를 출력한다.

-q   조용한(quiet) 모드: 복수의 파일을 처리할 때 각 파일 상단의 배너는 출력하지 않는다. 일반적으로 head는 파일명을 포함한 배너를 출력한다.

---

tail   stdin stdout - file -- opt --help --version

```
tail [options] [files]
```

tail 명령어는 파일의 마지막 열 줄을 출력하고, 다른 기교도 잘 부릴 수 있다.

```
→ tail myfile
→ nl myfile | tail           줄 번호를 함께 보기
```

엄청나게 유용한 -f 옵션은 다른 프로그램이 파일을 작성하는 중에도 새로운 줄이 기록되면 출력할 수 있도록 tail이 그 파일을 계속 지켜

보게 한다. 이것은 다른 프로그램들이 기록을 하는, 현재 사용 중인 리눅스 로그 파일을 주시하는 데 매우 유용하다.

→ **tail -f /var/log/syslog**

유용한 옵션

-n *N*	열 줄 대신 마지막 *N*줄을 출력한다.
-*N*	-n *N*과 같다.
-n +*N*	첫 *N*줄을 제외한 모든 줄을 출력한다.
-c *N*	마지막 *N*바이트를 출력한다.
-f	파일을 연 상태로 유지하여 줄이 추가될 때마다 해당 줄을 출력하는 유용한 기능이다. 파일이 아직 존재하지 않고 존재할 때까지 기다리길 원한다면 --retry 옵션을 추가하라.
-q	조용한 모드: 복수의 파일을 처리할 때 각 파일 상단의 배너는 출력하지 않는다. 일반적으로 tail은 파일명을 포함한 배너를 출력한다.

---

strings

stdin stdout - file -- opt --help --version

strings [*options*] [*files*]

실행 가능한 프로그램 같은 바이너리 파일이나 오브젝트 파일은 대부분 읽을 수 있는 텍스트를 포함하고 있다. strings 프로그램은 그 텍스트를 추출하고 표준 출력으로 보여 준다. 버전 정보, 권한 사용자명 등 유용한 조각 정보를 발견할 수 있을 것이다.

→ **strings /usr/bin/who**
David MacKenzie
Copyright %s %d Free Software Foundation, Inc.

```
Report %s bugs to %s
...
```

strings와 grep을 조합하면 좀 더 효과적이다. 이메일 주소를 찾아
보자.

```
→ strings -n 10 /usr/bin/who | grep '@'
bug-coreutils@gnu.org
```

유용한 옵션

-n *length*   *length*보다 큰 길이의 문자열만 나타낸다(기본값은 4).

---

od   stdin stdout - file -- opt --help --version

od [*options*] [*files*]

바이너리 파일을 보고 싶다면 od(octal dump)를 고려해 보자. 이
는 하나 또는 복수의 파일을 표준 출력으로 복사하여 다양한 크기
(byte, short, long 타입 등)의 아스키(ASCII), 팔진법(octal), 십진법
(decimal), 십육진법(hexadecimal) 또는 부동소수점(floating point)
으로 나타낸다. 예를 들어 다음 명령어를 보자.

```
→ od -w8 /usr/bin/who
0000000 042577 043114 000401 000001
0000010 000000 000000 000000 000000
0000020 000002 000003 000001 000000
...
```

바이너리 파일 */usr/bin/who*의 바이트를 팔진법, 즉 각 줄당 8바이트로
출력한다. 제일 좌측 열은 각 행의 오프셋(offset[18])의 위치를 역시 팔

---

18 (옮긴이) 메모리상에서 시작점으로부터의 위치

진수로 나타낸 것이다.

바이너리 파일이 텍스트를 포함하고 있다면 문자 데이터를 나타내는 –tc 옵션을 고려해 보자. 예를 들어 who 같은 바이너리는 'ELF' 문자열을 도입부에 포함하고 있다.

```
→ od –tc –w8 /usr/bin/who | head –3
0000000 177   E   L   F 001 001 001  \0
0000010  \0  \0  \0  \0  \0  \0  \0 \0
0000020 002  \0 003  \0 001  \0  \0 \0
```

유용한 옵션

–N *B*	각 파일의 첫 *B*바이트만 나타낸다. 십진법과 십육진법(0x 또는 0X 추가), 512바이트 단위(b 추가), 킬로바이트(k 추가), 메가바이트(m 추가)로 특정할 수 있다(기본값은 전체 파일 출력).
–j *B*	각 파일의 출력을 *B*+1바이트에서 시작한다. 허용 가능한 형식은 –N 옵션과 동일하다(기본값=0).
–w [*B*]	줄당 *B*바이트를 출력한다. 허용 가능한 형식은 –N 옵션과 동일하다. –w 자체는 –w32와 똑같다(기본값=16).
–s [*B*]	일련의 *B*바이트로 구성된 각 열을 –N 옵션에서와 마찬가지로 공백 문자로 구분된 그룹으로 표현한다. –s 옵션 자체는 –s3와 동일한 효과를 갖는다(기본값=2).
–A (d|o|x|n)	파일 오프셋(offset)을 행의 가장 왼쪽에 표시한다. 십진법(d), 팔진법(o), 십육진법(x), 그 외(n)(기본값=o).
–t(a|c)[z]	문자열 포맷으로 출력한다. 알파벳 형태가 아닌 이스케이프 문자 출력은 c, 이름에 의한 출력은 a다.
–t(d|o|u|x)[z]	출력된 숫자 진법 형식을 표시한다. 팔진법은 o, 부호가 있는 십진법은 d, 부호가 없는 십진법은 u, 십육

진법은 x다.

-t 옵션에 z를 덧붙이면 출력의 우측에 각 줄의 출력 가능한 문자들을 나타내는 새로운 열이 출력된다.

파일 생성과 편집

명령어	의미
nano	일반적인 리눅스 배포판에 내장되어 있는 단순한 텍스트 편집기
emacs	자유 소프트웨어 재단에서 제공하는 텍스트 편집기
vim	유닉스 vi에서 확장된 텍스트 편집기

리눅스를 심도 있게 다루기 위해서는 텍스트 편집기에 능숙해져야 한다. 가장 많이 쓰이는 세 가지 텍스트 편집기는 유닉스 편집기 vi의 뒤를 잇는 빔(vim)과 자유 소프트웨어 재단(Free Software Foundation)에서 제공하는 나노(nano), 이맥스(emacs)다. 이 편집기들을 충분히 가르치는 건 이 책의 범위를 넘어선다. 온라인 자습서에 모두 나와 있고, 표 1에는 일반적인 조작 키 목록을 나열했다.

→ **nano myfile**
→ **emacs myfile**
→ **vim myfile**

*myfile*이 존재하지 않는다면 자동으로 생성된다.

마이크로소프트 윈도우 시스템과 파일을 공유한다면 리눅스에서 마이크로소프트 오피스 문서를 편집할 수 있는 LibreOffice(모든 문서), abiword(워드 전용), gnumeric(엑셀 전용) 같은 좋은 프로그램이 있다. 이것들은 사용자의 배포판에 포함되어 있거나 웹 검색을 통해 쉽게 찾을 수 있다.

파일 빠르게 생성하기

빈 파일(추후 편집을 위한)을 빠르게 생성하려면 touch 명령어를 다음
과 같이 사용하면 된다.

```
→ touch newfile
```

또는 echo -n(80쪽, '파일 속성' 참조) 명령을 사용하면 된다.[19]

```
→ echo -n > newfile2
```

또한 프로그램의 출력을 리다이렉트하여 새로운 파일로 데이터를 출
력해도 된다(40쪽, '입출력 리다이렉션' 참조).

```
→ echo anything at all > newfile3
```

기본 편집기

대다수 리눅스 프로그램이 필요에 따라 편집기를 사용한다. 그리고 일
반적으로 기본 편집기는 나노 또는 빔이다. 예를 들어 사용자의 이메
일 프로그램이 새 메시지를 작성하기 위해 편집기를 호출할 수 있고,
less 명령도 'v'를 입력하면 편집기를 호출할 수 있다. 기본 편집기가
아닌 다른 것을 원한다면? VISUAL과 EDITOR 환경 변수를 설정하여 선
택할 수 있다.

```
→ EDITOR=emacs
→ VISUAL=emacs
→ export EDITOR VISUAL
```

프로그램은 두 환경 변수 중에 한 가지를 선택하여 확인하기 때문에
둘 다 필요하다. 앞에서 선택한 편집기를 지속적으로 기본값으로 두고

---

19 -n 옵션은 줄 바꿈(newline) 글자가 해당 파일로 적히는 것을 막아 진짜 빈 파일이 되게
한다.

싶다면 ~/.bash_profile 시작 파일에 EDITOR와 VISUAL을 설정하면 된다. 파일명을 전달 인자로 받아들일 수만 있다면, 어떤 프로그램이든지 기본 편집기로 지정이 가능하다.

기본 편집기가 무엇인지와는 상관없이 특정 프로그램이 중요한 파일을 수정하려고 갑자기 편집기를 실행하게 될지도 모르는 상황에 대비하기 위해, 모든 사용자는 각 편집기에서 사용하는 최소한의 기본 명령어는 숙지해야 한다.

---

nano   stdin stdout - file -- opt --help --version

nano [options] [files]

나노는 기본 형태의 텍스트 편집기다. 나노는 많은 리눅스 배포판에 기본으로 탑재되어 있는데, 이맥스와 빔 같은 더욱 강력한 편집기는 기본으로 탑재되어 있지 않을 때가 있다. 나노를 호출하려면 다음 명령을 내린다.

→ nano

나노 편집기의 명령어는 일반적으로 컨트롤 키를 누른 상태에서 글자를 치는 형식으로 동작하는데, 저장을 위한 ^o와 종료를 위한 ^x가 그렇다. 나노는 흔히 쓰는 명령어를 편집 창 하단에 표시해 주는데, 어떤 것들은 용어가 조금 애매하다(예를 들어 나노는 '파일 저장'이라는 의미로 '쓰고 나가기(WriteOut)'를 사용한다). 다른 명령어들은 메타(meta) 키와 연관 있는데, 대개 이스케이프 키 또는 알트(Alt) 키를 사용한다. 나노 안내 문서에는 메타 키를 M-(M-F는 '메타 키를 누르고 F를 치라'로 이해)으로 표기하기 때문에 여기에서도 동일하게 할 것이다. 기본 입력 키를 보려면 표 1을 보자. 더 많은 문서는 http://nano-editor.org에서 확인할 수 있다.

emacs

emacs [*options*] [*files*]

이맥스는 굉장히 강력한 편집 환경으로 수천 개의 명령어를 갖고 있고, 더해서 사용자가 직접 원하는 기능을 정의하는 프로그래밍 언어를 갖추고 있다. X 윈도우에서 emacs를 호출하려면 다음 명령을 내린다.

→ **emacs**

이미 사용 중인 셸 창에서 실행하려면 다음과 같이 한다.

→ **emacs –nw**

내장된 이맥스 자습서를 호출하려면 ^h t를 입력하면 된다.

대부분의 이맥스 키 입력 명령어는 컨트롤 키(^F와 같이)나 메타 키와 연관이 있다. 메타 키는 대개 이스케이프 키나 알트 키다. 이맥스 문서에는 메타 키를 M-(M–F는 '메타 키를 누르고 F를 치라'로 이해)으로 표기하기 때문에 우리도 똑같이 할 것이다. 기본 입력 키를 보려면 표 1을 보라.

vim

vim [*options*] [*files*]

빔은 오래전 유닉스 표준 편집기인 vi의 강화 버전이다. X 윈도우에서 편집기를 호출하려면 다음을 실행하라.

→ **gvim**

이미 사용 중인 셸 창에서 실행하려면 다음을 실행하라.

→ vim

빔 자습서를 실행하려면 다음을 실행하라.

→ vimtutor

빔은 모드 기반(mode-based) 편집기다. 대개 '삽입'(insert)과 '명령' (command) 두 가지 모드로 동작하고, 수정하는 동안 이 두 가지 모드를 상호 전환할 수 있다. 삽입 모드에서는 일반적 방식으로 텍스트가 들어가고, 명령 모드는 글자 삭제, 복사, 붙여넣기 등의 동작을 수행하기 위해 사용된다. 일반 모드에서 기본 입력 키를 보려면 표 1을 참고하라.

작업	이맥스	나노	빔
글자 입력	바로 입력	바로 입력	필요할 때 i를 치면 삽입 모드로 교체되고 그러면 어떤 글자라도 입력할 수 있음
저장하고 종료	^x^s 누른 후 ^x^c	^o 누른 후 ^x	:wq
저장하지 않고 종료	^x^c 누른 후 저장 요청 시 'no'	^x 누른 후 저장 요청 시 'no'	:q!
저장	^x^s	^o	:w
다른 이름으로 저장	^x^w	^o 누른 후 파일명 입력	:w *filename*
되돌리기	^/ 또는 ^x u	M–u	u
편집기 정지 (X 윈도우가 아닐 때)	^z	^z	^z
삽입 모드로 변경	해당 없음	해당 없음	i
명령 모드로 변경	해당 없음	해당 없음	ESC
명령행 모드로 변경	M–x	해당 없음	:

진행 중 명령 취소	^g	^c	ESC
앞으로 이동	^f 또는 오른쪽 화살표	^f 또는 오른쪽 화살표	l 또는 오른쪽 화살표
뒤로 이동	^b 또는 왼쪽 화살표	^b 또는 왼쪽 화살표	h 또는 왼쪽 화살표
위로 이동	^p 또는 위 화살표	^p 또는 위 화살표	k 또는 위 화살표
아래로 이동	^n 또는 아래 화살표	^n 또는 아래 화살표	j 또는 아래 화살표
다음 낱말로 이동	M-f	^스페이스 바	w
이전 낱말로 이동	M-b	M-스페이스 바	b
줄의 시작으로 이동	^a	^a	0
줄의 끝으로 이동	^e	^e	$
한 화면 밑으로	^v	^v	^f
한 화면 위로	M-v	^y	^b
문서 처음으로 이동	M-<	M-\	gg
문서 끝으로 이동	M->	M-/	G
다음 글자 삭제	^d	^d	x
이전 글자 삭제	백스페이스	백스페이스	X
다음 낱말 삭제	M-d	해당 없음	de
이전 낱말 삭제	M-백스페이스	해당 없음	db
현재 줄 삭제	^a^k	^k	dd
줄 끝까지 삭제	^k	...	D
영역 선택(이 키 입력으로 지역의 시작점을 표시하고, 원하는 지역의 끝 지점으로 커서를 이동)	^스페이스 바	^^(컨트롤 키와 캐럿(caret) 기호)	v
영역 자르기	^w	^k	d
영역 복사	M-w	M-^	y

영역 붙여넣기	^y	^u	p
도움말 보기	^h	^g	:help
매뉴얼 보기	^h i	^g	:help

표 1 텍스트 편집기 기본 입력 키

파일 속성

stat	파일과 디렉터리의 속성을 출력
wc	파일의 바이트, 워드, 줄과 같은 정량적인 수치를 측정
du	파일과 디렉터리가 차지하고 있는 디스크 용량을 측정
file	파일의 타입을 구분 또는 추정
touch	파일과 디렉터리의 타임스탬프를 변경
chown	파일과 디렉터리의 소유권자를 변경
chgrp	파일과 디렉터리의 소유권 그룹을 변경
chmod	파일과 디렉터리의 접근 권한을 변경
umask	파일과 디렉터리의 기본 접근 권한을 설정
chattr	파일과 디렉터리의 확장된 속성을 변경
lsattr	파일과 디렉터리의 확장된 속성을 출력

리눅스 파일을 분석할 때 파일 내부에 저장된 내용물은 분석할 요소의
절반에 불과하다는 것을 명심하자. 모든 파일과 디렉터리는 소유자,
크기, 접근 허가와 또 다른 정보를 말해 주는 속성들을 포함하고 있다.
ls -l 명령어는(55쪽, '파일 기본 조작' 참고) 이러한 속성들의 일부를
출력한다. 추가 정보는 다른 명령어가 제공한다.

stat

stat [*options*] *files*

stat 명령어는 파일(디폴트) 또는 파일 시스템(-f 옵션)의 중요한 속성을 나열한다. 파일 정보는 다음과 같은 형태다.

```
→ stat myfile
  File: 'myfile'
  Size: 1168          Blocks: 8
  IO Block: 4096   regular file
Device: 811h/2065d      Inode: 37224455    Links: 1
Access: (0644/-rw-r--r--)  Uid: ( 600/lisa)
  Gid: ( 620/users)
Access: 2015-11-07 11:15:14.766013415 -0500
Modify: 2015-11-07 11:15:14.722012802 -0500
Change: 2015-11-07 11:15:14.722012802 -0500
 Birth: -
```

파일명, 바이트 크기(1168), 블록 크기(8), 파일 타입(regular file), 팔진법으로 표현된 권한(0644), 'ls -l' 형식의 권한(-rw-r--r--), 소유자의 사용자 아이디(600), 소유자 이름(lisa), 소유자의 그룹 아이디(620), 소유자 그룹명(users), 장치 타입(팔진법으로 811, 십진법으로 2065), 아이노드(inode) 번호(37224455), 하드 링크 수(1), 파일의 가장 최근 접근, 수정과 상태 변화의 타임스탬프를 보여 준다. 파일 시스템 정보는 다음과 같은 형태다.

```
→ stat -f myfile
  File: "myfile"
    ID: f02ed2bb86590cc6 Namelen: 255
Type: ext2/ext3
Block size: 4096        Fundamental block size: 4096
Blocks: Total: 185788077  Free: 108262724
  Available: 98819461
Inodes: Total: 47202304   Free: 46442864
```

파일명(*myfile*), 파일 시스템 아이디(f02ed2bb86590cc6), 해당 파일
시스템의 허용 가능한 최대 길이의 파일명(255바이트), 파일 시스템
타입(ext), 파일 시스템의 블록 크기(4096), 파일 시스템의 전체·미사
용·사용 가능한 블록 수(각각 185788077, 108262724, 98819461), 전
체 및 가용 아이노드 수(각각 47202304, 46442864)를 보여 준다.

　-t 옵션은 동일한 데이터를 설명 없이 한 줄에 보여 준다. 이러한 형
태는 셸 스크립트를 만들거나 다른 프로그램이 활용하기에 매우 유용
하다.

```
→ stat -t myfile
myfile 1168 8 81a4 600 620 811 37224455 1 0 0
  1446912914 1446912914 1446912914 0 4096
→ stat -tf myfile
myfile f02ed2bb86590cc6 255 ef53 4096 4096
  185788077 108262715 98819452 47202304 46442864
```

유용한 옵션

-L　　　　심벌릭 링크가 가리키고 있는 파일을 추적해 해당 내용
　　　　　을 출력한다.

-f　　　　파일 자체가 아닌 해당 파일이 저장된 파일 시스템에 대
　　　　　한 내용을 출력한다.

-t　　　　간결(terse) 모드: 한 줄로 정보를 출력한다.

WC　　　　　　　　　　　**stdin stdout - file -- opt --help --version**

wc [*options*] [*files*]

wc 명령어는 텍스트 파일 내의 바이트, 낱말, 줄 수를 세고 이를 출력
한다.

```
→ wc myfile
  18 211 1168 myfile
```

이 파일은 열여덟 줄, 211개의 공백 문자로 구분된 낱말들과 1168바이트로 이루어져 있다.

유용한 옵션

-l	줄 수만 출력
-w	낱말 수만 출력
-c	바이트 수만 출력
-L	각 파일의 가장 긴 줄의 위치와 바이트 수를 출력

---

du   stdin stdout - file -- opt --help --version

du [*options*] [*files*| *directories*]

du(disk usage) 명령어는 디렉터리 또는 파일들이 차지한 디스크 공간을 측정한다. 현재 디렉터리와 그 디렉터리 내의 모든 하위 디렉터리를 측정하여 각각의 합을 블록 수로 출력하며, 가장 마지막에 총계가 나오는 것이 기본값이다.

```
→ du
36    ./Mail
340  ./Files/mine
40   ./Files/bob
416  ./Files
216  ./PC
2404 .
```

파일 크기 또한 측정할 수 있다.

```
→ du myfile emptyfile hugefile
4       myfile
0       emptyfile
18144   hugefile
```

유용한 옵션

-b	바이트 단위로 사용량 측정
-k	킬로바이트 단위로 사용량 측정
-m	메가바이트 단위로 사용량 측정
-B N	사용자가 지정한 블록 크기 출력, 1블록은 N바이트(기본값=1024)
-h -H	사람이 이해하기 쉬운 단위로 출력한다. 두 개의 디렉터리가 각각 1기가바이트와 25킬로바이트의 크기라면 du -h는 1G와 25K의 결과를 출력할 것이다. -h 옵션은 1024단위에 기초한 결과를 출력하며, 반면 -H 옵션은 1000단위에 기초한 결과를 출력한다.
-c	마지막 줄의 합계를 출력한다. 디렉터리를 측정할 때는 기본적으로 이렇게 동작하지만 개별 파일을 측정해야 할 때 합계가 알고 싶다면 -c 옵션을 입력해야 한다.
-L	뒤따르는 심벌릭 링크가 가리키는 파일들을 측정한다.
-s	전체 크기만 출력

---

file stdin **stdout** - **file** -- **opt** --**help** --**version**

file [*options*] *files*

file 명령어는 파일의 타입을 알려 준다. 해당 출력은 파일의 콘텐츠와 다른 요소들로부터 추측된 내용에 기반을 두고 표현된다.

```
→ file /etc/hosts /usr/bin/who letter.docx
/etc/hosts:    ASCII text
/usr/bin/who:  ELF 64-bit LSB executable ...
letter.docx:   Microsoft Word 2007+
```

유용한 옵션

-b 파일명 생략(출력의 왼쪽 행)

-i 일반적인 출력 내용 대신 '*text/plain*'이나 '*audio/mpeg*' 같은 파일의 마임 타입(MIME type)을 출력한다.

-f *name_file* *name_file*의 파일에 기록된 파일명들을 한 줄에 한 개씩 읽어 들인 후 해당 파일의 출력 결과를 각각 출력한다.

-L 심벌릭 링크가 가리키고 있는 위치를 추적하여 링크 자체가 아닌 목적지의 파일 타입을 출력한다.

-z 압축 파일이라면 'compressed data'라는 출력 대신 압축 파일 내부의 내용을 확인하고 파일 타입을 출력한다(124쪽, '파일 압축과 패키징' 참고)

---

touch　　　　　　stdin stdout - file -- opt --help --version

touch [*options*] *files*

touch 명령어는 파일과 관련된 타임스탬프 두 개를 변경한다. 파일 변경 시점(파일 데이터의 최근 변경 시점)과 접근 시점(파일이 가장 최근에 읽힌 시점)이다. 이 두 가지 타임스탬프를 현재로 설정하려면 다음과 같이 실행한다.

→ **touch myfile**

해당 타임스탬프는 다음과 같이 원하는 시각으로 임의 설정할 수 있다.

→ **touch -d "November 18 1975" myfile**

해당 파일이 존재하지 않더라도 touch 명령이 그 파일을 생성하기 때문에 비어 있는 파일을 쉽게 생성할 수 있다.

유용한 옵션

-a   접근 시간만 변경

-m   수정 시간만 변경

-c   해당 파일이 존재하지 않아도 생성하지 않는다(기본
            적으로 touch 명령어는 비어 있는 파일을 생성한다).

-d *timestamp* 파일의 타임스탬프를 다양하게 설정한다. '12/28/2001
            3pm'부터 '28-May'(현재 연도와 자정 시간은 추정이 가
            능하다)까지, 또는 'next tuesday 13:59'부터 '0'(오늘 자
            정) 같이 매우 다양한 타임스탬프 형식이 가능하다. 해
            당 옵션은 직접 수행해 보고 기능을 stat 명령어로 직
            접 점검해 봐야 한다. 전체적인 설명은 info touch 명
            령어를 통해 확인할 수 있다.

-t *timestamp* [[*CC*]*YY*]*MMDDhhmm*[.*ss*] 형식으로 파일의 타임스탬
            프를 설정하는 좀 더 확실한 방법이다. *CC*는 20세기
            와 같이 세기를 나타내는 두 자리 숫자, *YY*는 두 자
            리 숫자의 연도, *MM*은 두 자리 숫자의 달, *DD*는 두 자
            리 숫자의 일, *hh*는 두 자리 숫자의 시, *mm*은 두 자리
            숫자의 분, *ss*는 두 자리 숫자의 초다. 예를 들어 -t
            20030812150047은 2003년 8월 12일 15:00:47다.

---

chown   stdin stdout - file -- opt --help --version

chown [*options*] *user_spec files*

chown(change owner) 명령어는 디렉터리와 파일의 소유자를 설정하는 명령어다. 다음은 사용자 'smith'를 디렉터리 하나와 파일 몇 개의 소유자로 만드는 명령이다.

→ `sudo chown smith myfile myfile2 mydir`

user_spec 파라미터는 다음 중 하나가 될 수 있다.

- 존재하는 사용자명(또는 숫자 형태의 사용자 아이디). 소유자를 설정하려면 다음과 같이 한다: `chown smith myfile`
- 존재하는 사용자명(또는 숫자 형태의 사용자 아이디)과 그 뒤에 콜론(:)과 존재하는 그룹명(또는 숫자 형태의 그룹 아이디). 사용자와 그룹을 설정하려면 다음과 같이 한다: `chown smith:users myfile`
- 존재하는 사용자명(또는 숫자 형태의 사용자 아이디)과 콜론(:). 사용자를 설정하고 그룹은 사용자의 로그인 그룹으로 설정하려면 다음과 같이 한다: `chown smith: myfile`
- 그룹명(또는 숫자 형태의 그룹 아이디) 앞에 콜론이 붙은 형태. 그룹만 설정한다: `chown :users myfile`
- `--reference=`*file*: 주어진 파일에 설정된 소유자 및 그룹과 똑같이 설정한다.

유용한 옵션

--dereference | 심벌릭 링크가 가리키고 있는 원본 파일을 설정한다.
-R | 디렉터리 내부 계층 구조를 따라 재귀적으로 모든 파일의 권한을 변경한다.

---

chgrp

chgrp [*options*] *group_spec files*

chgrp(change group) 명령어는 파일과 디렉터리의 그룹 소유권을 설정하는 명령어다.

→ **chgrp smith myfile myfile2 mydir**

group_spec 파라미터는 다음 중 하나가 사용될 수 있다.

* 그룹명 또는 숫자로 된 그룹 아이디
* --reference=*file*: 주어진 파일과 똑같이 소유권을 설정한다.

더 자세한 정보는 '그룹 관리'(192쪽)를 참고하자.

유용한 옵션

--dereference   심벌릭 링크가 가리키고 있는 원본 파일을 설정한다.

–R   디렉터리 내부 계층 구조를 따라 재귀적으로 모든 파일의 권한을 변경한다.

---

chmod

chmod [*options*] *permissions files*

chmod(change mode)는 접근 권한을 설정함으로써 같은 시스템에 있는 허가되지 않은 사용자로부터 파일이나 디렉터리를 보호하는 명령어다. 일반적인 권한은 읽기, 쓰기, 실행이고 이 권한들은 파일 소유자, 파일의 그룹 소유자 또는 다른 사용자들로 제한될 수 있다.

- --reference=*file*: 주어진 파일과 똑같은 소유권을 설정한다.
- 그림 6과 같이 네 자릿수의 팔진수를 통해 특정 파일의 절대 (absolute) 권한을 비트 단위로 설정할 수 있다. 제일 좌측의 숫자는 향후에 설명할 특수 용도이고 두 번째, 세 번째, 네 번째 숫자는 각기 해당 파일의 소유자, 그룹, 다른 사용자에 해당하는 권한을 나타낸다.
- 하나 또는 그 이상의 문자열을 통해 절대 또는 상대(relative) 권한을 설정할 수 있다(상대 권한은 현재 파일에 주어진 권한으로부터 상대적인 권한을 의미). 즉, a+r은 해당 파일을 모든 사용자가 읽을 수 있도록 만든다.

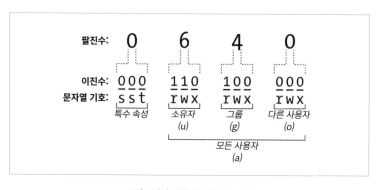

그림 6 파일 권한 비트에 대한 설명

가장 일반적인 형태의 권한 설정은 다음과 같다.

→ chmod 600 myfile	소유자만 사용하는 파일
→ chmod 644 myfile	모두가 읽을 수 있지만 소유자만 쓸 수 있는 파일
→ chmod 700 mydir	소유자만 사용 가능한 디렉터리
→ chmod 755 mydir	모두가 읽을 수 있지만 소유자만 쓸 수 있는 디렉터리

앞 그림의 문자열 기호에 해당하는 세 번째 부분에서 각 문자열은 세 부분으로 구성되어 있다.

범위(scope, 생략 가능)

u는 사용자, g는 그룹, o는 그룹 외 사용자들, a는 모든 사용자를 말한다. 기본값은 a다.

명령(command)

+는 권한 추가, -는 권한 제거, =는 기존 권한을 무시하는 절대 권한 설정이다.

권한(permission)

r은 읽기, w는 쓰기·수정, x는 실행(디렉터리의 경우 x 권한은 cd 명령을 통해 해당 디렉터리 내부로 들어갈 수 있는 권한을 뜻한다) 이다. X는 조건부 실행(추후 설명), u는 사용자의 권한 복제, g는 그룹의 권한 복제, o는 '다른 사용자들'의 권한 복제, s는 setuid 또는 setgid 그리고 t는 스티키 비트(sticky bit)다.

예를 들어 ug+rw는 사용자와 그룹에게 읽고 쓰는 권한을 추가할 것이다. a-x(또는 -x)는 모두의 실행 권한을 제거한다. 그리고 o=r은 '다른 사용자들'의 권한을 읽기 전용으로 즉시 설정할 것이다. 이러한 문자열은 ug+rw,a-x처럼 쉼표로 구분하여 조합할 수 있다.

조건부 실행 권한(X)은 파일이 이미 실행 가능할 경우 또는 파일이 디렉터리일 경우에만 수행된다는 것 외에는 x와 의미가 동일하고, 이외의 경우에는 아무런 효과가 없다.

setuid와 setgid는 실행 가능한 프로그램들과 스크립트에 적용되면 강력한 효과를 낸다. 'smith'라는 사용자와 'friends'라는 그룹이 소유한 실행 파일 F가 있다고 가정하자. F가 setuid(set user ID)가 가능하면, F를 실행하는 누구라도 프로그램이 지속되는 동안은 그 권리와 특권을 가진 사용자 'smith'와 동일한 권리를 갖는다. 마찬가지로 F가 setgid(set group ID)가 가능하다면 F를 실행하는 누구라도 프로그램이 지속되는 동안은 'friends' 그룹의 멤버가 될 것이다. 예상할 수 있겠지만 setuid와 setgid는 시스템 보안에 영향을 줄 수 있으므로 확신이 없는 한 사용하지 말아야 한다. chmod +s 하나만 잘못 사용해도 전체 시스템이 공격에 무방비 상태가 될 수 있다.

/tmp 디렉터리에 가장 많이 사용되는 스티키 비트는 해당 디렉터리의 파일 삭제를 제어한다. 일반적으로 사용자가 특정 디렉터리에 쓰기 권한을 가지고 있다면 디렉터리 내 파일에 대해 쓰기와 이동 권한이 없더라도 해당 파일을 제거하거나 이동할 수 있다. 스티키 비트가 설정된 디렉터리에서는 파일을 제거하거나 이동하기 위해 해당 파일의 쓰기 권한이 필요하다.

유용한 옵션

-R   디렉터리 계층의 소유권을 재귀적으로 변경한다.

---

umask   stdin **stdout** - file -- opt --help --version

umask [*options*] [*mask*]

umask는 파일과 디렉터리를 생성하는 기본 모드를 설정하거나 보여준다(사용자, 그룹, 다른 사용자들의 읽기, 쓰기, 실행 가능 여부).

```
→ umask
0002
→ umask -S
u=rwx,g=rwx,o=rx
```

먼저 기술적 측면에서 설명하고 난 후 상식적인 측면을 이해하도록 하자. umask는 일반적으로 팔진수로 나타내지만, 실제로는 이진수로 구성된 값이다. 파일의 경우는 0666, 디렉터리의 경우는 0777에 해당하

는 팔진수의 값을 이진 연산 NOT AND로 조합하여 기본 보호 모드를 정
의한다. 예를 들어 umask 0002는 기본 파일 모드로 0664를 설정한다.

```
0666 NOT AND 0002
= 000110110110 NOT AND 000000000010
= 000110110110 AND 111111111101
= 000110110100
= 0664
```

이와 비슷하게 디렉터리의 경우에 0002 NOT AND 0777 연산은 기본 모
드로 0775의 값을 얻는다.

　이러한 설명이 잘 이해되지 않는다면 간단한 방법을 알아보자. 사용
자 본인이 모든 권한을 가지고 다른 이용자는 읽고 실행하는 권한만
부여하려면 0022를 사용한다.

```
→ umask 0022
→ touch newfile && mkdir dir
→ ls -ldG newfile dir
-rw-r--r--  1 smith    0 Nov 11 12:25 newfile
drwxr-xr-x  2 smith 4096 Nov 11 12:25 dir
```

사용자 본인과 사용자의 기본 그룹에 모든 권한을 부여하고 다른 이용
자는 읽기, 실행 권한만 부여하려면 0002를 사용하자.

```
→ umask 0002
→ touch newfile && mkdir dir
→ ls -ldG newfile dir
-rw-rw-r--  1 smith    0 Nov 11 12:26 newfile
drwxrwxr-x  2 smith 4096 Nov 11 12:26 dir
```

사용자 본인만 모든 권한을 가지고 다른 이용자에게는 어떠한 권한도
부여하지 않으려면 0077을 사용하자.

```
→ umask 0077
→ touch newfile && mkdir dir
→ ls -ldG newfile dir
```

```
-rw------- 1 smith    0 Nov 11 12:27 newfile
drwx------ 2 smith 4096 Nov 11 12:27 dir
```

---

chattr
stdin stdout - file -- opt --help --version

chattr [*options*] [+ - =]*attributes* [*files*]

유닉스 시스템과 친숙한 사용자라면 리눅스 시스템이 접근 권한 외에도 추가적인 속성을 가질 수 있다는 사실이 놀라울 것이다. 어떤 파일이 'ext' 파일 시스템(ext2, ext3 등)에 있다면, chattr(change attributes)로 확장된 속성을 설정할 수 있고 lsattr로 속성 목록을 확인할 수 있다.

또한 chmod와 마찬가지로 속성을 추가(+) 또는 제거(-)하거나 절대적으로 설정(=)할 수 있다. 예를 들어 파일의 압축 상태를 유지하면서 덤프되지 않도록(nonedumpable) 설정하려면 다음을 실행한다.

→ **chattr +cd myfile**

속성	뜻
a	추가만 가능: 해당 파일에 내용을 추가하는 것은 가능하지만 슈퍼 사용자 외에는 수정이 불가능하다.
A	접근 시 타임스탬프를 변경하지 않음: 해당 파일에 접근할 수는 있지만 접근 후에도 해당 파일의 타임스탬프를 변경하지는 않는다.
c	압축됨: 데이터가 기록되면 반드시 압축되고 읽힐 때는 압축 해제한다.
d	덤프하지 않음: 백업을 수행할 때 해당 파일을 무시하도록 dump 프로그램에 전달한다(153쪽, '백업과 원격 저장소' 참조).
I	변경 불가: 해당 파일은 슈퍼 사용자를 제외하고는 변경하거나 삭제할 수 없다.
j	데이터를 저널링한다(ext3 파일 시스템에서만 적용 가능하다)
s	보안 삭제: 파일이 삭제되면 해당 파일의 데이터는 0의 값으로 덮어쓴다.

S	동기화 업데이트: 변경 사항이 디스크에 즉시 저장된다.
u	삭제 금지: 해당 파일이 삭제되지 않도록 한다.

추가로 몇 가지 다른 속성도 있지만 이것들은 다소 불분명하고 경험적인 사용성이 중요하기 때문에 맨페이지에서 세부 내용을 참고하자.

유용한 옵션

-R   디렉터리들을 재귀적으로 처리한다.

---

lsattr   stdin stdout - file -- opt --help --version

lsattr [*options*] [*files*]

chattr로 확장된 속성을 설정한다면 lsattr(list attributes)로 속성을 볼 수 있다. 출력은 chattr와 동일한 문자를 사용한다. 예를 들어 다음 파일은 변경할 수도, 삭제할 수도 없다.

→ **lsattr myfile**
-u--i--- myfile

특정된 파일이 없으면 lsattr은 현재 디렉터리 내 모든 파일의 속성을 출력한다.

유용한 옵션

-R   디렉터리를 재귀적으로 처리한다.
-a   파일명이 마침표로 시작하는 파일을 포함한 모든 파일의 목록을 출력한다.
-d   디렉터리의 경우 해당 디렉터리 내부 목록이 아닌 디렉터리 자체 정보를 출력한다.

파일 위치 찾기

find	지정된 디렉터리 계층 내부에서 파일 위치를 찾아낸다.
xargs	찾아낸 파일들을 처리한다.
locate	파일 인덱스를 생성하고 문자열 인덱스를 검색한다.
which	설정된 경로(path)를 검색해 특정 실행 파일이 어디에 있는지 찾아낸다(명령어).
type	설정된 경로를 검색해 특정 실행 파일이 어디에 있는지 찾아낸다(배시 내장 기능).
whereis	실행 파일, 문서, 소스 파일을 검색한다.

리눅스 시스템은 수백, 수천 개의 파일을 가진다. 특정 파일이 필요할 때 어떻게 찾을 수 있을까? 무엇보다 사용자의 파일을 디렉터리에 논리적인 방식으로 정리하는 것이 가장 중요한 첫걸음이겠지만 사용자가 원하는 파일을 검색하는 몇 가지 방법이 있다.

　find는 원하는 파일을 검색하기 위해 디렉터리 계층 전체를 일일이 검색하여 찾아내는 기본적인 방식의 프로그램이다. 반면 locate는 사용자가 필요에 따라 미리 생성해 둔 인덱스를 통해 검색하기 때문에 훨씬 빠르다(몇몇 배포판은 기본 설정으로 매일 인덱스를 갱신한다).

　which와 type 명령어는 프로그램을 찾기 위해 사용자의 셸 경로 내의 모든 디렉터리를 확인한다. which가 보통 /usr/bin/which에 존재하는 하나의 프로그램인 반면, type은 배시에 내장되어 있기 때문에 사용자가 배시를 사용하고 있을 때만 사용이 가능하다. type은 더 빠르고 셸 별칭 목록을 탐색할 수도 있다.[20] 반면 whereis는 검색 경로를 탐색하기보다는 이미 확인된 디렉터리 집합 내에서 수행된다.

---

20 tcsh 셸은 which로 별칭들을 탐색하기 위해 약간의 편법을 사용한다.

find

find [*directories*] [*expression*]

find는 특정 조건에 맞는 파일을 찾기 위해 하나 또는 다수의 디렉터리
를 하위 경로를 포함해서 탐색하는 명령어다. 50개가 넘는 옵션이 있
기 때문에 매우 유용하지만 아쉽게도 흔하게 사용하지 않는 문법이 다
소 있다. 마침표로 표시되는 현재 디렉터리부터 전체 파일 시스템을
탐색하는 몇 가지 간단한 예를 들어 보겠다.

파일명이 *myfile*인 파일을 찾으려면 다음과 같다.

```
→ find . -type f -name myfile -print
./myfile
```

'myfile'로 시작하는 파일명 출력은 다음과 같다(와일드카드(*)를 이
스케이프(\)해서 셸이 인식하지 않도록 처리하는 방식을 주목해서
보자).

```
→ find . -type f -name myfile\* -print
./myfile.zip
./myfile3
./myfile
./myfile2
```

디렉터리명 전체를 출력한다.

```
→ find . -type d -print
.
./jpegexample
./dir2
./mydir
./mydir/dir
./dir1
./dir3
./d
```

유용한 옵션

-name *pattern* -path *pattern* -lname *pattern*	찾으려는 파일의 이름(-name), 경로명(-path), 심벌릭 링크 대상(-lname)이 셸 패턴과 일치해야 한다. 셸 패턴에는 와일드카드(*, ?, [])가 포함될 수 있다(그런데 와일드카드 앞에 이스케이프(\) 문자를 꼭 써야 셸이 해당 와일드카드 기호를 무시하고 와일드카드를 문자 그대로 find 명령어에 전달한다). 검색된 경로는 검색 시작 위치로부터 상대적으로 표시된다.
-iname *pattern* -ipath *pattern* -ilname *pattern*	-iname, -ipath, -ilname 옵션은 각각 -name, -path, -lname과 동일하지만 대소문자를 구분하지 않는다.
-regex *regexp*	검색되는 위치로부터 상대적인 해당 경로는 반드시 주어진 정규 표현식을 만족해야만 한다.
-type *t*	*t* 타입의 파일 위치만 나타낸다. 일반적인 파일(f), 디렉터리(d), 심벌릭 링크(l), 블록 장치(b), 문자 입출력 장치(c), 명명된 파이프(p), 소켓(s)과 같은 타입이 존재한다.
-atime *N* -ctime *N* -mtime *N*	정확히 *N**24시간 전에 파일에 접근(-atime)했거나 파일이 수정(-mtime)됐거나 상태 변경(-ctime)된 상황을 뜻한다. '*N*보다 큰 값'은 +*N*, '*N*보다 작은 값'은 -*N*을 사용할 수 있다.
-amin *N* -cmin *N* -mmin *N*	정확히 *N*분 전에 파일에 접근(-amin)했거나 파일이 수정(-mmin)됐거나 상태 변경(-cmin)된 상황을 뜻한다. '*N*보다 큰 값'은 +*N*, '*N*보다 작은 값'은 -*N*을 사용할 수 있다.

-anewer *other_file*	*other_file*보다 더 최근에 파일에 접근(-anewer)
-cnewer *other_file*	했거나 수정(-newer)됐거나 상태 변경(-cnewer)
-newer *other_file*	된 상황을 뜻한다.
-maxdepth *N*	찾고자 하는 디렉터리 트리 계층 내부에서 최소
-mindepth *N*	(-mindepth) 또는 최대(-maxdepth) *N*레벨 깊이까
	지 탐색한다.
-follow	심벌릭 링크의 대상을 따라서 검색한다.
-depth	깊이 우선 탐색(depth-first search) 방식으로 검색한다. 해당 디렉터리 자체를 검색하기 이전에 디렉터리에 포함된 파일들을 재귀적으로 완벽히 검색한다.
-xdev	장치의 영역을 벗어나지 않도록 해서 단일 파일 시스템 내부에서만 검색하도록 제한한다.
-size *N* [bckw]	크기가 *N*이고 주어진 옵션에 따라 블록(b), 1바이트 문자(c), 킬로바이트(k), 2바이트 워드(w)인 대상을 검색한다. '*N*보다 큰 값'을 표현할 때는 +*N*을, '*N*보다 작은 값'은 -*N*을 사용한다.
-empty	파일 크기가 0이고 일반적인 파일 또는 디렉터리
-user *name*	특정 사용자가 소유한 파일
-group *name*	특정 그룹이 소유한 파일
-perm *mode*	주어진 권한 설정값(mode)과 동일한 권한이 설정되어 있는 파일. -*mode*로는 해당 설정값이 모두 설정된 파일을 검색하고, +*mode*로는 해당 설정값 중 어느 것이라도 한 가지가 설정된 모든 파일을 검색한다.

다음과 같은 연산자로 표현식(expression)의 일부를 무효화하거나 그룹으로 만들 수 있다.

expression1 –a expression2

> and와 같다(두 개의 표현식이 나란히 있을 때 기본값으로 사용되기 때문에 '-a' 옵션은 선택 사항이다).

expression1 –o expression2

> or와 같다.

! expression

–not expression

> 표현식을 무효화한다.

(expression)

> 일반 수학 연산과 마찬가지로 괄호 내부의 표현식을 선행 연산한다. 일부 셸의 상황에 따라 이스케이프 문자 '\'를 함께 사용해야 할 수도 있다.

expression1, expression2

> C 프로그래밍 언어의 쉼표(,) 연산자와 동일하다. 두 표현식을 평가한 후 두 번째 값을 반환한다.

일단 검색 조건을 특정 짓고 나면, find 명령을 통해 해당 검색 조건에 부합하는 결과를 찾도록 실행할 수 있다.

유용한 옵션

–print	검색된 파일의 상대 경로를 단순 출력
–printf *string*	C 라이브러리 함수 printf()와 같은 방식으로 문자열을 치환하여 출력한다. 맨페이지에서 자세한 사

용법을 확인할 수 있다.

-print0   -print와 비슷하다. 하지만 개행 문자(newline character)로 각 줄을 구분하는 대신 널(null, 아스키 0) 문자를 사용한다. find의 출력을 다른 프로그램으로 연결(piping)할 때 사용하면 파일명 목록이 공백 문자를 포함할 것이다. 당연히 수신 프로그램은 이러한 널 문자 줄 구분 방식(null-separated lines)을 분석하고 판독할 수 있어야 한다. 예를 들어 xargs -0과 같은 명령에 해당한다.

-exec *cmd*;   셸 명령어 *cmd*를 적용한다. 마지막의 세미콜론을 포함한 셸의 메타 문자가 직접적으로 판독되지 않도록 반드시 이스케이프 기호를 사용해야 한다. 또한 {} 기호는 검색된 파일의 경로를 표현할 수 있다 (작은따옴표 또는 이스케이프 기호를 통해 처리해야 한다). 사용 예는 다음과 같다.

```
find . -exec ls '{}' \;
```

-ok *cmd*;   -exec와 동일하지만 검색 결과에 해당 명령을 실행할 때마다 사용자에게 실행 여부를 묻는다.

-ls   해당 파일에 ls -dils 명령을 실행한다.

---

xargs   stdin stdout - file -- opt --help --version

xargs [*options*] [*command*]

xargs는 셸에서 사용하는 다소 특이하면서도 매우 효과적인 명령어 중 하나다. 이 명령어는 표준 입력의 텍스트 줄을 읽고 명령어로 전환하여 실행한다. 흥미로워 보이지 않을 수 있겠지만 사용자가 위치를 지정한 파일 목록을 처리할 때 xargs만의 특별한 용도가 있다. 각 줄마다 중요한 파일 목록이 있는 *important*라는 파일을 만들었다고 가정하자.

```
→ cat important
/home/jsmith/mail/love-letters
/usr/local/lib/critical_stuff
/etc/passwd
...
```

xargs를 사용하면 이러한 각 파일마다 다른 리눅스 명령어를 쉽게 실행할 수 있다. 예를 들어, 다음 명령은 파일 목록에 ls -l 명령어를 실행한다.

```
→ cat important | xargs ls -l
```

이와 비슷하게 less 명령어로 파일을 볼 수도 있다.

```
→ cat important | xargs less
```

심지어는 rm 명령으로 삭제도 가능하다.

```
→ cat important | xargs rm -f        파일들을 강제로 삭제하기 때문에 매우 조심하자!
```

이러한 각 파이프라인은 *important* 파일로부터 파일 목록을 읽고 그 목록을 기반으로 새로운 리눅스 명령어를 실행한다. 입력 목록을 파일에서 받는 것이 아니라 또 다른 명령어가 만든 표준 출력에서 받기 때문에 매우 유용하다. 즉, 파일 목록을 표준 출력에 출력하는 find 명령어는 xargs와 좋은 짝을 이룬다. 예를 들어 현재 작업 디렉터리 계층 내에서 'tomato'라는 낱말을 포함한 파일을 찾으려면 다음과 같이 한다.

```
→ find . -type f -print | xargs grep -l tomato
./findfile1
./findfile2
```

```
→ cat findfile1
This file contains the word tomato.
```

이렇듯 강력한 기능을 사용할 때는 한 가지 주의할 점이 있다. find가 찾아낸 파일명에 공백 문자가 포함되어 있다면 grep 명령어가 파일명을 잘못 인식할 수 있다. 예를 들어 *my stuff*라는 파일이 있고 다음과 같이 grep 명령을 내린다고 하자.

```
grep -l tomato my stuff
```

이렇게 되면 grep 명령은 두 개의 파일, 즉 *my*와 *stuff*라는 파일을 처리해야 한다고 받아들일 것이다. 명령어가 grep이 아니라 rm이라면, 다른 파일을 제거하는 명령이 될 것이다. 이런 문제를 피하기 위해서는 -print 대신 항상 find -print0을 사용하자. 개행 문자로 줄 바꿈을 실행하는 -print 대신 아스키 널 문자로 줄 바꿈을 실행하는 -print0을 xargs -0과 조합하면 올바른 결과를 얻어 낼 수 있다.

```
→ find . -type f -print0 | xargs -0 grep -l tomato
```

지금까지 xargs 명령어의 극히 일부분만 경험한 것이니 계속해서 연습하자(grep과 ls처럼 파일의 내용을 변경하지 않는 안전한 명령어로 시작하는 편이 좋다).

유용한 옵션

-n*k*   *k*줄만큼을 각 명령을 실행할 때 사용한다. 보통 -n1은 한 줄의 입력만을 각 명령어가 실행하게 한다. 그렇지 않다면 xargs는 하나의 명령어에 다수의 줄을 실행하도록 할 것이다.

-0   입력 줄의 종료 문자를 공백 문자가 아닌 아스키 0으로 설정하고 모든 문자를 문자 그대로 취급한다. 입력 대상이 find -print0을 통해 전달된다면 사용하자.

xargs와 역따옴표

'따옴표'(43쪽) 부분의 설명을 기억한다면 xarg와 함께 사용되는 몇 가지 트릭은 역따옴표로도 가능함을 깨달았을 것이다.

```
→ cat file_list | xargs rm -f        xargs로 실행
→ rm -f `cat file_list`              역따옴표로 실행
→ rm -f $(cat file_list)             $()로 실행
```

이러한 명령어들은 비슷한 작업을 수행하지만 뒤의 두 개는 cat의 출력이 실행된 후, 셸 명령행의 최대 길이를 넘어갈 정도로 길어지면 실패할 수도 있다. xargs는 명령행에 덧붙이는 것이 아니라 표준 출력으로 실행되기 때문에 출력 크기가 크고 위험도가 있는 작업에 적당하며 좀 더 안전하게 수행할 수 있다.

---

locate
stdin **stdout** - file -- opt --help --version

locate [*options*]

locate 명령어와 파트너인 updatedb는 빠른 검색이 가능하게 하기 위해 파일 위치의 인덱스(데이터베이스)를 생성하는 명령어다.[21] 디렉터리 계층 내에서 변화가 거의 없는 많은 파일을 자주 검색할 계획이 있다면 locate 명령어는 좋은 선택이다. 단일 파일의 위치를 찾거나 검색된 파일을 통해 좀 더 복잡한 작업을 수행할 것이라면 find를 사용하는 것이 좋다.

특정 배포판은 정기적으로(예를 들어 하루에 한 번) 전체 파일 시스템의 인덱스를 자동으로 생성하므로 그냥 locate 명령만 실행해도 될 것이다. 하지만 디렉터리와 하위 디렉터리의 인덱스를 */tmp/myindex* 위치에 생성해야 한다고 가정한다면 다음과 같이 실행할 수 있다.

---

21 locate 명령어는 'mlocate'라는 패키지에서 출발했다. 몇몇 시스템은 'slocate'라는 사용법이 조금 다른 오래된 패키지를 가지고 있다. slocate를 가지고 있다면 예제에서 updatedb 대신 slocate를 입력하기만 하면 된다.

→ `updatedb -l0 -U` *directory* `-o /tmp/myindex`

(-l0은 숫자 10이 아니라 알파벳 L의 소문자와 숫자 0이라는 점을 명심하자.) 다음으로 그 인덱스 내부의 문자열을 찾기 위해서는 다음과 같이 실행한다.

→ `locate -d /tmp/myindex` *string*

locate는 옵션으로 흥미로운 보안 기능을 가지고 있다. 사용자는 탐색할 때 접근이 허락된 파일들만 나열된 인덱스를 생성할 수 있다. 그렇기 때문에 슈퍼 사용자가 보호된 디렉터리의 인덱스를 생성했다면 슈퍼 사용자가 아닌 사용자는 해당 인덱스 내에서 검색을 할 수는 있더라도 보호된 파일을 볼 수는 없다. 이러한 현상은 -l0 옵션을 빼고 updatedb를 슈퍼 사용자의 권한으로 실행하면 볼 수 있다.

→ `sudo updatedb -U` *directory* `-o /tmp/myindex`

updatedb 명령어의 인덱싱 옵션

`-u`　　　　　　루트 디렉터리에서 하위 방향으로 인덱스를 생성한다.

`-U` *directory*　*directory*의 하위 방향으로 인덱스를 생성한다.

`-l (0|1)`　　　보안 끔(0), 켬(1). 기본값은 1이다.

`-e` *directories*　인덱스에서 단수 또는 복수의 디렉터리를 제외한다. 쉼표로 경로를 구분한다.

`-o` *outfile*　　*outfile*이라는 이름의 파일로 인덱스를 작성한다.

locate 명령어의 검색 옵션

`-d` *index*　　어떤 인덱스를 사용할지 나타낸다(예제에서는 */tmp/myindex*).

-i   대소문자 구분 없이 탐색한다.

-r *regexp*   주어진 정규 표현식에 해당하는 파일을 탐색한다.

---

which   stdin **stdout** - file -- **opt** --**help** --**version**

which *file*

which 명령어는 셸의 탐색 경로 내에서 실행 파일의 위치를 찾아낸다. 지금까지 특정 명령어를 입력하여 해당 프로그램을 작동시켜 왔다면

→ **who**

which 명령어는 해당 명령어의 위치를 알려 준다.

→ **which who**
/usr/bin/who

심지어는 which 명령어 자체의 위치도 찾을 수 있다.

→ **which which**
/usr/bin/which

탐색 경로 내에 */usr/bin/who* 또는 */usr/local/bin/who*와 같이 이름이 같은 여러 프로그램이 있다면 which 명령은 첫 번째 값만 보여 준다.

---

type   stdin **stdout** - file -- **opt** --**help** --**version**

type [*options*] *commands*

type 명령은 which와 비슷하게 셸의 탐색 경로 내 실행 파일의 위치를 알려 준다.

→ **type grep who**
```
grep is /bin/grep
who is /usr/bin/who
```

하지만 which는 디스크에 저장된 프로그램이고 type은 배시 안에 내장 되어 있다.

→ **type which type rm if**
```
which is /usr/bin/which
type is a shell builtin
rm is aliased to `/bin/rm -i'
if is a shell keyword
```

셸에 내장된 명령어로서 type은 which보다 수행 속도가 빠르다. 하지 만 배시와 같이 특정 셸에서만 작동 가능하다.

---

whereis   stdin **stdout** - file -- opt --help --version

whereis [*options*] *files*

whereis 명령어는 하드 코딩된 디렉터리 목록을 탐색하여 주어진 파 일의 위치를 나타낸다. 실행 파일, 문서, 소스 코드 등을 검색할 수 있 다. whereis는 사용자가 필요로 하는 디렉터리 목록을 포함하고 있지 않을 수도 있다는 점에서 좀 특이하다.

→ **whereis vim**
```
vim: /usr/bin/vim /etc/vim /usr/share/vim ...
```

유용한 옵션

–b	실행 파일(–b), 맨페이지(–m), 소스 코드 파일(–s)만
–m	정렬한다.
–s	
–B *dirs*... –f	주어진 디렉터리 내에서만 실행 파일(–B), 맨페이지

-M *dirs*... -f   (-M), 소스 코드 파일(-S)을 탐색한다. 찾고자 하는

-S *dirs*... -f   파일의 목록을 나열하기 전에 –f 옵션으로 디렉터리

목록을 제시해야 한다.

파일 텍스트 조작

grep   파일 내에서 정규 표현식에 부합하는 줄을 찾
                    는다.

cut   파일에서 열을 추출한다.

paste   행을 덧붙인다.

tr   문자를 다른 문자로 치환한다.

expand, unexpand   탭과 스페이스 키를 서로 바꾼다.

sort   텍스트 줄을 여러 조건으로 정렬한다.

uniq   파일 내에서 부합하는 위치를 나타낸다.

tee   파일을 복사하고 동시에 표준 출력에 출력한다.

아마도 리눅스의 가장 큰 강점은 텍스트 조작일 것이다. 종종 사용하
는 파이프라인과 같이 텍스트 파일 또는 표준 입력을 원하는 형태로
변환하는 것이다. 표준 입력을 읽고 표준 출력을 생산할 수 있는 모든
프로그램이 이 카테고리 안에 포함된다. 하지만 이 책에서는 가장 중
요한 방법만 소개하겠다.

---

grep   **stdin stdout - file -- opt --help --version**

grep [*options*] *pattern* [*files*]

grep은 리눅스에서 가장 유용하게 많이 쓰이는 명령어 중 하나다. 이
명령어의 전제는 간단하다. 주어진 하나 또는 여러 개의 파일 내에

특정 정규 표현식 패턴과 일치하는 모든 줄을 출력한다. 예를 들어, *randomlines*라는 파일에 다음과 같은 줄이 있다고 하자.

```
The quick brown fox jumped over the lazy dogs!
My very eager mother just served us nine pancakes.
Film at eleven.
```

그리고 'pancake'를 포함하고 있는 모든 줄을 찾으면 다음과 같은 결과를 얻는다.

```
→ grep pancake randomlines
My very eager mother just served us nine pancakes.
```

이번에는 느낌표로 끝나는 줄을 찾기 위해 정규 표현식을 사용해보자.

```
→ grep '\!$' randomlines
The quick brown fox jumped over the lazy dogs!
```

grep 명령어는 '기본형'(basic)과 '확장형'(extended) 두 가지 정규 표현식을 사용할 수 있다. 이 두 가지는 단지 표현이 조금 다르다는 점 외에 모두 유용하게 쓰이기 때문에 grep을 사용하며 경험해 나가다 보면 어느 한쪽이 자신에게 더 편리하다고 생각하게 될 것이다. 기본형의 구문은 표 2에 설명되어 있다. 정규 표현식은 배울 가치가 충분하다. sed나 perl과 같이 영향력 있는 리눅스 프로그램들도 역시 정규 표현식을 사용한다.

유용한 옵션

-v	정규 표현식과 매칭되지 않는 줄만 출력한다.
-l	매칭되는 줄을 포함하는 파일명만 출력한다. 줄 자체는 출력하지 않는다.
-L	매칭되는 줄을 포함하지 않는 파일명만 출력한다.

-c	매칭되는 줄의 수만 출력한다.
-n	매칭 출력의 각 줄 앞에 원래의 줄 번호를 표시한다.
-b	매칭 출력의 각 줄 앞에 입력 파일의 줄 바이트 오프셋을 표시한다.
-i	대소문자를 구분하지 않는 매칭
-w	완전한 낱말만 매치한다(정규 표현식 전체와 매치하는 낱말).
-x	완전한 문장만 매치한다(정규 표현식 전체와 매치하는 줄). -w를 무효화한다.
-A N	매치하는 줄에 도달한 후 그 파일 내에서 다음 N줄을 출력한다.
-B N	매치하는 줄에 도달하기 전 그 파일 내에서 N줄을 출력한다.
-C N	-A N, -B N과 동일하게 매치하는 줄의 위아래 N줄을 원본 파일을 기준으로 출력한다.
--color=always	매치되는 텍스트를 읽기 편하게 색으로 강조한다.
-r	디렉터리와 하위 디렉터리 내의 모든 파일을 재귀적으로 탐색한다.
-E	확장형 정규 표현식을 사용한다. egrep을 참고하라.
-F	정규 표현식 대신 고정된 문자열 목록을 사용한다. fgrep을 참고하라.

---

egrep

stdin stdout - file -- opt --help --version

egrep [*options*] *pattern* [*files*]

egrep은 grep과 비슷하지만 정규 표현식에 '확장형' 언어를 사용한다. grep -E와 동일하다.

정규 표현식		
기본형	확장형	의미
.		한 개의 단일 문자
[...]		리스트 중 한 개의 단일 문자
[^...]		리스트에 포함되지 않은 단일 문자
(...)		그룹화
|	|	or
^		줄의 시작
$		줄의 끝
\<		낱말의 시작
\>		낱말의 끝
[:alnum:]		알파벳과 숫자를 포함한 모든 문자
[:alpha:]		알파벳을 사용한 모든 문자
[:cntrl:]		제어용 문자
[:digit:]		숫자
[:graph:]		그래픽 문자
[:lower:]		소문자
[:print:]		출력 가능한 문자
[:punct:]		구분 문자
[:space:]		공백 문자
[:upper:]		대문자
[:xdigit:]		십육진법 숫자
*		0회 이상 반복하는 정규 표현식
\+	+	1회 이상 반복하는 정규 표현식
\?	?	0 또는 1회 발생하는 정규 표현식
\{n\}	{n}	정확히 n번 반복되는 정규 표현식

\{*n*,\}	{*n*,}	*n*번 이상 반복되는 정규 표현식
\{*n*, *m*\}	{*n*, *m*}	*n*과 *m*(포함하여) 사이로 반복되는 정규 표현식. *n* < *m*
\c		문자 그대로의 *c*. 예를 들어 *는 별표와 매치하고 \\는 역슬래시와 매치한다. 또는 문자를 [*] 또는 [\]처럼 대괄호 안에 넣어도 된다.

표 2 grep과 egrep의 정규 표현식

grep과 줄 종료 문자(end-of-line character)

마이크로소프트 윈도우 또는 맥OS 시스템으로 생성된 문서 파일의 줄 끝($)을 grep으로 찾을 때 이상한 결과가 나올 수 있다. 각 운영 체제는 줄을 끝내는 기준이 다르다. 리눅스에서 문서 파일의 각 줄은 개행 문자(아스키 10)로 끝난다. 반면에 윈도우 문서에서 줄 바꿈은 캐리지 리턴(carriage return, 아스키 13) 뒤에 개행 문자가 붙으면서 끝난다. 맥OS에서 문서 파일은 개행 문자 또는 캐리지 리턴 하나만으로 끝난다. grep이 줄의 줄 종료 문자와 제대로 매치되지 않는다면 cat -v 명령으로 리눅스가 아닌 다른 운영 체제의 줄 종료 문자인지 확인해 봐야 한다. 예를 들어 윈도우에서는 캐리지 리턴을 ^M으로 나타낸다.

```
→ cat -v dosfile.txt
Uh-oh! This file seems to end its lines with^M
carriage returns before the newlines.^M
```

캐리지 리턴을 제거하려면 tr -d 명령어를 사용하면 된다.

```
→ tr -d '\r' < dosfile.txt > linuxfile.txt
→ cat -v linuxfile.txt
Uh-oh! This file seems to end its lines with
carriage returns before the newlines.
```

fgrep
stdin stdout - file -- opt --help --version

fgrep [*options*] [*fixed_strings*] [*files*]

fgrep은 grep과 비슷하나 정규 표현식 대신 새로운 줄로 구분되는 고정된 문자열을 받아들인다는 점이 다르다. 즉, grep -F와 같다. 예를 들어 한 줄마다 문자열로 가득한 사전 파일이 있다고 하자.

```
→ cat my_dictionary_file
aardvark
aback
abandon
...
```

이러한 문자열을 입력 파일 집합 안에서 손쉽게 찾을 수 있다.

```
→ fgrep -f my_dictionary_file story
a little aardvark who went to
visit the abbot at the abbey.
```

보통 fgrep이 고정된 문자열을 인식하게 하려면 소문자 -f 옵션을 사용할 것이다. 사용자는 명령행에서 고정된 문자열을 따옴표를 통해 읽어 들일 수 있지만 약간 까다로운 점이 있다. 파일 내에 'one', 'two', 'three'라는 문자열을 찾으려면 다음과 같이 입력해야 할 것이다.

```
→ fgrep 'one          각 줄의 끝에 개행 문자(엔터 키)를 입력하고 있다는 점을 명심하자.
two
three' myfile
```

fgrep은 *와 {처럼 알파벳이 아닌 문자를 탐색할 때 매우 편리하다. 정규 표현식처럼 인식하는 것이 아니라 문자 그대로 취급하기 때문이다.

---

cut   stdin stdout - file -- opt --help --version

cut -(b|c|f)*range* [*options*] [*files*]

cut은 파일로부터 텍스트의 열을 찾는 명령어다. 하나의 '열'은 문자의 위치(offset)에 의해 정의되거나(예를 들어 각 줄의 19번째 문자와 같이)

```
→ cut -c19 myfile
```

또는 바이트 위치에 의해 정의되거나(사용하는 언어가 멀티바이트 문자라면 문자 바이트의 위치는 서로 다르다)

```
→ cut -b19 myfile
```

구분 가능한 필드에 의해 정의된다(예를 들어 다음에서 보는 바와 같이 쉼표로 구분된 *data.csv* 파일에서 각 줄의 다섯 번째 필드).

```
→ cat data.csv
one,two,three,four,five,six,seven
ONE,TWO,THREE,FOUR,FIVE,SIX,SEVEN
1,2,3,4,5,6,7
→ cut -f5 -d, data.csv
five
FIVE
5
```

이 명령으로 언제나 하나의 열만 출력할 수 있는 것은 아니다. 사용자는 다음과 같이 범위(3-16), 쉼표로 구분된 숫자 나열(3,4,5,6,8,16) 또는 두 가지 모두(3,4,8-16)를 제공할 수 있다. 범위의 경우 첫 번째 숫자를 생략했다면(-16) 이는 1을 기본값으로 추정한다(1-16). 마지막 숫자를 생략했다면(5-) 줄의 끝이 기본값으로 연산된다.

유용한 옵션

-d *C*	-f 옵션에 필드 간 입력 구분자로 문자 *C*를 사용한다. 기본값은 탭 문자다.
--output-delimiter=*C*	-f 옵션에 필드 간 출력 구분자로 문자 *C*를 사용한다. 기본값은 탭 문자다.
-s	구분자를 포함하지 않는 줄을 출력하지 않는다.

paste

paste [*options*] [*files*]

paste 명령어는 cut의 반대다. 이 명령어는 파일 여러 개를 세로로 된 열처럼 취급하고 그것들을 묶어서 표준 출력에 표시한다.

```
→ cat letters
A
B
C
→ cat numbers
1
2
3
4
5
→ paste numbers letters
1  A
2  B
3  C
4
5
→ paste letters numbers
A  1
B  2
C  3
   4
   5
```

유용한 옵션

-d *delimiters*   열 사이에 주어진 *delimiters*를 사용한다. 기본값
                   은 탭 문자다. 단일 문자(-d:)를 입력하면 항상 그
                   글자만 쓰고, 여러 문자(-dxyz)를 쓰면 각 줄별로 순
                   서대로 적용된다(첫 번째는 x, 다음은 y, z, x, y, …
                   순서로 적용될 것이다).

-s   출력의 줄과 열을 뒤바꿔서 옆 방향으로 출력한다.

```
→ paste -s letters numbers
A   B   C
1   2   3   4   5
```

---

tr   stdin stdout · file -- opt --help --version

tr [options] charset1 [charset2]

tr 명령어는 어떤 문자의 집합을 다른 것으로 바꾸는 단순하고 유용한 변환을 수행한다. 예를 들면 파일의 모든 문자를 대문자로 바꾸거나

```
→ cat wonderfulfile
This is a very wonderful file.
→ cat wonderfulfile | tr 'a-z' 'A-Z'
THIS IS A VERY WONDERFUL FILE.
```

모든 모음을 별표로 바꾸거나

```
→ cat wonderfulfile | tr aeiouAEIOU '*'
Th*s *s * v*ry w*nd*rf*l f*l*.
```

모든 모음을 삭제한다.

```
→ cat wonderfulfile | tr -d aeiouAEIOU
Ths s vry wndrfl fl.
```

실용적인 예로 grep 같은 리눅스 텍스트 도구들과 호환 가능하도록 도스(DOS) 텍스트 파일의 모든 캐리지 리턴을 삭제하는 것을 들 수 있다.

```
→ tr -d '\r' < dosfile.txt > linuxfile.txt
```

tr은 *charset1*의 첫 번째 문자를 *charset2*의 첫 번째 문자로 변환하고, 두 번째 문자는 두 번째로, 세 번째는 세 번째 문자로 변환한다.

*charset1*의 길이가 *N*이라면 *charset2*의 첫 번째 *N*문자만큼만 사용된다(*charset1*이 *charset2*보다 길면 –t 옵션을 참고하자).

문자 세트는 다음과 같은 형태들이 있다.

형태	의미
ABDG	A, B, D, G 문자의 나열
A–Z	A부터 Z까지의 문자의 범위
[x*y]	*x* 문자의 *y*번 반복
[: *class* :]	grep에서 허용하는 것과 동일한 문자 클래스([:alnum:], [:digit:] 등)

tr은 C 언어의 printf가 받아들이는 이스케이프 문자인 "\a"(^G=벨소리로 알림), "\b"(^H=백스페이스), "\f"(^L=서식 이송), "\n"(^J=새로운 줄), "\r"(^M=엔터), "\t"(^I=탭), "\v"(^K=세로 탭)를 이해할 뿐 아니라 (226쪽, '화면 출력' 참고) 팔진법 값 *nnn*을 의미하는 \nnn 표기법도 이해한다.

tr은 빠르고 간단한 변환에 매우 좋으나 좀 더 강력한 작업에는 sed, awk 또는 perl을 고려해 보자.

유용한 옵션

–d   입력에서 *charset1* 문자를 삭제한다.

–s   입력된 *charset1* 내에서 인접하여 반복되는 문자를 제거한다. 예를 들어 tr –s aeiouAEIOU는 근접하여 위치한 모음의 반복을 모음 하나로 만든다(reeeeeeally는 really가 될 것이다).

–c   여집합. *charset1*에 없는 모든 문자에 적용한다.

–t   *charset1*이 *charset2*보다 길면 *charset1*을 축소하여 같은 길이로 만든다. –t를 입력하지 않으면 *charset2*의

마지막 문자가 *charset1*과 같은 길이가 될 때까지 반복
한다.

---

expand

expand [*options*] [*files*]
unexpand [*options*] [*files*]

expand는 탭 문자를 상응하는 개수의 공백 문자로 바꾸는 명령어이고,
unexpand는 이와 반대 작업을 수행한다. 기본값으로 탭은 여덟 칸인데
옵션으로 변경할 수 있다. 두 명령어 모두 기본으로 표준 출력을 지원
한다.

→ **expand tabfile > spacefile**
→ **expand spacefile > tabfile**

파일이 공백 문자나 탭 문자를 포함하는지 확인하려면 탭을 ^I로 나타
내는 cat -T, 또는 탭을 \t로 나타내는 od -c를 사용하라.

유용한 옵션

-t *N*   탭 길이를 *N*칸으로 한다.

---

sort

sort [*options*] [*files*]

sort 명령어는 문서의 줄을 알파벳 순서 또는 사용자가 명시하는 다른
규칙에 따라 정렬해 출력한다. 주어진 모든 파일이 연결되고 결과는
정렬되어 프린트된다.

→ **cat threeletters**
def

```
xyz
abc
→ sort threeletters
abc
def
xyz
```

유용한 옵션

-f	대소문자를 구분하지 않는다.
-n	알파벳 법칙('1'로 시작하기 때문에 9보다 10이 먼저 옴)이 아니라 계수적으로(9 다음에 10이 옴) 분류한다.
-g	다른 알고리즘을 사용하여 계수적으로 분류하는 방법이다. 과학적 표기법(7.4e3은 7.4 곱하기 10의 삼승 또는 7400을 의미)을 인식하며 이 외에도 여러 가지가 있다. 자세한 기술 정보가 필요하면 info sort를 실행하자.
-u	중복을 제거하고 정렬한다. 중복된 줄을 무시한다(정렬된 파일을 검사할 때 -c와 함께 사용할 경우 연속적인 행이 동일하면 실패한다).
-c	입력이 이미 정렬됐는지 확인만 하고 실행은 하지 않는다. 이미 정렬됐다면 아무것도 출력하지 않고 에러 메시지만 나타낸다.
-b	행간의 공백 문자를 무시한다.
-r	출력을 반전시킨다. 큰 것부터 작은 것 순으로 정렬한다.
-t X	-k 옵션을 쓸 때 필드 구분 기호로 X를 사용한다.
-k key	정렬 키를 선택한다(-t와 함께 써서 키 사이에 구분 문자를 선택한다).

정렬 키는 정렬할 때 기준이 되는 부분을 나타낸다. 한 예로 각 줄의
다섯 번째 문자를 들 수 있다. 보통 sort는 다음 줄이 정렬됐다고 생각
한다.

```
aaaaz
bbbby
```

하지만 정렬 키가 '각 줄의 다섯 번째 문자'(-k1.5라고 표시)라면, y가 z
보다 앞이기 때문에 줄은 뒤바뀐다. 좀 더 실질적인 예로 주소록을 들
수 있다.

```
→ cat people
George Washington,123 Main Street,New York
Abraham Lincoln,54 First Avenue,San Francisco
John Adams,39 Tremont Street,Boston
```

일반적인 정렬로는 'Abraham Lincoln' 줄을 처음에 나타낼 것이다. 하
지만 각 줄을 쉼표 세 개로 구분된 값들이라 가정하면 사용자는 두 번
째 값으로 정렬할 수 있다.

```
→ sort -k2 -t, people
George Washington,123 Main Street,New York
John Adams,39 Tremont Street,Boston
Abraham Lincoln,54 First Avenue,San Francisco
```

알파벳 순서로 보면 '123 Main Street'가 첫 번째가 된다. 이와 마찬가
지로 도시(세 번째 값)로도 정렬할 수 있다.

```
→ sort -k3 -t, people
John Adams,39 Tremont Street,Boston
George Washington,123 Main Street,New York
Abraham Lincoln,54 First Avenue,San Francisco
```

Boston이 알파벳 순서로 처음에 오는 것을 볼 수 있다. 일반적인 구문
-k F1[.C1][,F2[.C2]]의 뜻은 다음과 같다.

항목	의미	미입력 시 기본값
F1	시작 지점	입력 필수
C1	필드 1 내에서의 시작 지점	1
F2	종결 필드	마지막 필드
C2	종결 필드 내에서의 시작점	1

sort -k1.5는 첫 번째 필드를 기준으로 다섯 번째 문자에서 시작함을 의미하고 -k2.8,5는 '두 번째 필드 여덟 번째 문자에서 다섯 번째 필드 첫 번째 문자까지'라는 뜻이다. -t 옵션은 -k의 동작을 바꾸어 띄어쓰기가 아니라 쉼표를 구분자로 쓰게 한다.

-k 옵션을 반복하여 여러 개의 키를 규정할 수 있고 이는 명령행의 처음부터 끝까지 적용될 것이다.

---

uniq

stdin stdout - file -- opt --help --version

uniq [*options*] [*files*]

uniq는 텍스트에서 연속적이고 중복되는 줄에 작용하는 명령어다. 예를 들어, 다음과 같은 파일이 있다고 하자.

```
→ cat letters2
a
b
b
c
b
```

이제 uniq는 세 번째 b가 아닌 두 개의 연속된 b를 감지하고 사용자가 지정한 어떤 방식으로 처리할 것이다.

```
→ uniq letters2
```

```
a
b
c
b
```

uniq는 파일을 정렬한 다음에 사용하기도 한다.

```
→ sort letters2 | uniq
a
b
c
```

앞의 경우 b 하나만 남았는데, sort에 의해 모든 b가 인접하게 된 후 uniq에 의해 하나가 됐기 때문이다. 중복되는 줄을 제거하는 대신에 그 숫자를 셀 수도 있다.

```
→ sort letters2 | uniq -c
1 a
3 b
1 c
```

유용한 옵션

-c	인접하여 중복되는 줄의 수를 센다.
-I	대소문자를 구분하지 않는다.
-u	유일한 줄만 출력한다.
-d	중복된 줄만 출력한다.
-s *N*	중복된 줄을 탐색할 때 각 줄의 처음 *N*문자를 건너뛴다.
-f *N*	중복된 줄을 탐색할 때 각 줄의 처음 *N*개의 빈 칸으로 분리된 필드를 무시한다.
-w *N*	중복된 줄을 탐색할 때 각 줄의 처음 *N*문자만 고려한다. -s 또는 -f와 함께 사용하면 sort는 특정 개수의 문자 또는 필드를 우선 건너뛰고 그 다음번 *N*문자를 고려한다.

tee   stdin stdout - file -- opt --help --version

tee [*options*] *files*

cat과 비슷하게 tee 명령어는 표준 입력을 표준 출력으로 변경 없이 복사한다. 하지만 동일한 표준 입력을 동시에 하나 또는 다수의 파일로도 복사할 수 있다. tee는 중간에 생성된 데이터를 파일로 작성하는 동시에 다음 명령어로 넘어가는 파이프라인 중간에 가장 많이 볼 수 있다.

```
→ who | tee original_who | sort
barrett   pts/1    Sep 22 21:15
byrnes    pts/0    Sep 15 13:51
silver    :0       Sep 23 20:44
silver    pts/2    Sep 22 21:18
```

이 명령행은 who의 정리된 출력을 화면에 출력하지만 who의 정리되지 않은 출력의 원본 또한 original_who로 작성한다.

```
→ cat original_who
silver    :0       Sep 23 20:44
byrnes    pts/0    Sep 15 13:51
barrett   pts/1    Sep 22 21:15
silver    pts/2    Sep 22 21:18
```

그리고 나서 동일한 출력을 나머지 파이프라인(sort)으로 진행시켜 정리된 출력을 화면에 표시한다.

유용한 옵션

-a   파일을 덮어쓰기보다 덧붙인다.

-i   방해가 되는 신호는 무시한다.

더욱 강력한 조작법

지금까지 리눅스의 문자열을 조작하는 필터(text filtering)의 빙산의 일각을 맛보았다. 리눅스는 매우 복합적인 조작을 가능하게 하는 수백 개의 필터를 가지고 있다. 하지만 강력할수록 많은 노력이 필요하며 이 책에서 이를 설명하기에는 지면이 충분하지 않다. 몇 가지 필터를 소개한다.

awk

AWK는 패턴 매칭 언어다. 정규 표현식으로 데이터를 대조하고 이를 기반으로 동작을 수행한다. *myfile*이라는 텍스트 파일을 처리하기 위한 간단한 예가 있다.

각 줄의 두 번째, 네 번째 낱말을 출력한다.

```
→ awk '{print $2, $4}' myfile
```

60글자보다 짧은 모든 줄을 출력한다.

```
→ awk 'length < 60 {print}' myfile
```

sed

AWK와 비슷하게 sed는 텍스트의 줄 조작을 수행하는 패턴 매칭 엔진이다. sed의 구문은 빔과 줄 편집기 ed와 밀접한 관련이 있다. 여기 매우 간단한 예가 있다.

파일에서 문자열 'me'를 'YOU'로 바꿔서 출력한다.

```
→ sed 's/me/YOU/g' myfile
```

첫 열 줄이 제거된 파일을 출력한다.

```
→ sed '1,10d' myfile
```

m4

m4는 매크로 처리(macro-processing) 언어이자 명령어다. 키워드의 파일 내 위치를 찾아내고 그 값으로 치환한다. 예를 들어, 다음 파일에서

```
→ cat substitutions
My name is NAME and I am AGE years old.
ifelse(QUOTE,yes,Learn Linux today!)
```

m4가 NAME, AGE, QUOTE를 어떻게 치환하는지 보자.

```
→ m4 -DNAME=Sandy substitutions
My name is Sandy and I am AGE years old.
→ m4 -DNAME=Sandy -DAGE=25 substitutions
My name is Sandy and I am 25 years old.
→ m4 -DNAME=Sandy -DAGE=25 -DQUOTE=yes substitutions
My name is Sandy and I am 25 years old.
Learn Linux today!
```

펄, PHP, 파이썬, 루비

펄, PHP, 파이썬, 루비는 강력하고 완성도 높은 애플리케이션을 개발할 수 있는 프로그래밍 언어다. '셸 스크립트를 넘어서'(278쪽)를 참고하라.

파일 압축과 패키징

tar	파일 여러 개를 파일 하나로 묶는다.
gzip	GNU Zip으로 파일을 압축한다.
gunzip	GNU Zip 파일의 압축을 해제한다.
bzip2	BZip 형식으로 파일을 압축한다.
bunzip2	BZip 파일의 압축을 해제한다.
bzcat	표준 입출력을 통해 BZip 파일을 압축하거나 압축 해제한다.

compress	전통적인 유닉스 압축 방식을 통해 파일을 압축한다.
uncompress	전통적인 유닉스 압축 방식을 통해 압축 해제한다.
zcat	표준 입출력을 통해 압축하거나 압축 해제한다(gzip 또는 compress).
zip	윈도우 Zip 형식으로 파일을 압축한다.
unzip	윈도우 Zip 파일의 압축을 해제한다.
munpack	마임(MIME) 데이터를 파일로 추출한다.
mpack	마임 형식으로 파일을 전환한다.

리눅스는 다양한 형식으로 파일을 압축하고 또 압축을 해제할 수 있다. 가장 많이 쓰이는 형식은 확장자가 .gz인 GNU Zip(gzip)과 확장자가 .bz2인 BZip이다. 그 밖에도 윈도우 시스템의 Zip 파일(확장자 .zip), xz 파일(확장자 .xz와 .lzma)이 많이 쓰이며 전형적인 유닉스 압축(확장자 .Z)도 종종 쓰인다.

이와 관련된 기술로는 이진 파일을 원본 형식으로 변환하는 것이 있는데 그렇게 하면 이메일 메시지 안에 넣어 전송할 수 있다. 오늘날 이러한 작업은 파일 첨부나 마임 도구를 이용해 자동으로 한다. 하지만 앞으로는 명령행에서 실행 가능한 munpack 프로그램을 다뤄 볼 것이다.

맥OS sit 파일이나 Arc, Zoo, rar 등 이 책에서 다루지 않은 포맷과 마주친다면 *http://en.wikipedia.org/wiki/List_of_archive_formats*를 찾아 보면 된다.

---

tar   stdin stdout - file -- opt --help --version

tar [*options*] [*files*]

tar는 수월한 이동을 위해 다수의 파일과 디렉터리를 하나의 파일로 묶는 프로그램이며 압축은 선택 사항이다(원래 테이프 드라이브에 파일을 백업하는 데 사용됐고 'tape archive'의 줄임말에서 유래했다). tar 파일은 리눅스에서 가장 많이 쓰이는 파일 묶음 형식이다.

```
→ tar -czf myarchive.tar.gz mydir              생성
→ ls -lG myarchive.tar.gz
-rw-r--r-- 1 smith 350 Nov 7 14:09 myarchive.tar.gz
→ tar -tf myarchive.tar.gz                     내용물 목록
mydir/
mydir/dir/
mydir/dir/file10
mydir/file1
mydir/file2
...
→ tar -xf myarchive.tar.gz                     파일 추출
```

명령행에서 파일을 지정하면 해당 파일만 진행된다.

```
→ tar -xvf myarchive.tar myfile myfile2 myfile3
```

그렇지 않으면 전체 아카이브가 처리된다.

유용한 옵션

-c	아카이브를 생성한다. 명령행에서 입력 파일과 디렉터리 목록을 나열해야 한다.
-r	이미 존재하는 아카이브에 파일을 덧붙인다.
-u	이미 존재하는 아카이브에 새 파일이나 변경한 파일을 덧붙인다.
-A	한 아카이브를 또 다른 아카이브에 덧붙인다. 예를 들어, tar -A -f first.tar second.tar는 *first.tar*에 *second.tar*의 내용물을 덧붙인다. 압축된 아카이브에는 작동하지 않는다.
-t	아카이브의 목록을 나열하거나 테스트한다.

-x	아카이브에서 파일을 추출한다.
-f *file*	주어진 파일로부터 아카이브를 읽어 들이거나 파일에 아카이브를 작성한다. 일반적으로 이 파일은 디스크 상의 tar 파일(예: *myarchive.tar*)이지만 테이프 드라이브 (예: */dev/tape*)도 될 수 있다.
-d	파일 시스템과 아카이브의 차이점을 비교(diff)한다.
-z	gzip 압축을 사용한다.
-j	bzip2 압축을 사용한다.
-Z	유닉스 압축을 사용한다.
-v	상세 모드: 추가 정보를 출력한다.
-h	파일을 단순히 복사하지 않고 심벌릭 링크를 따라간다.
-p	파일을 추출할 때 원래 권한과 소유권을 유지한다.

---

gzip

stdin stdout - file -- opt --help --version

```
gzip [options] [files]
gunzip [options] [files]
zcat [options] [files]
```

gzip은 GNU Zip 형식으로 파일을 압축하고 gunzip은 압축을 푼다. 원래 파일은 몇몇 경우에 삭제될 수도 있다. 압축된 파일의 확장자는 *.gz*다.

명령 예

gzip *file*	*file*을 압축하여 *file.gz*를 생성한다. 원래 *file*은 삭제된다.
gzip -c *file*	표준 출력에 압축한 데이터를 생성한다.
cat *file* | gzip	파이프라인으로부터 데이터를 받아 압축한다.

gunzip *file.gz*	*file.gz*의 압축을 풀고 *file*을 생성한다. 원래 파일인 *file.gz*는 삭제된다.
gunzip -c *file.gz*	표준 출력에 데이터의 압축을 푼다.
cat *file.gz* | gunzip	파이프라인으로부터 데이터를 받아 압축을 푼다.
zcat *file.gz*	표준 출력에 데이터의 압축을 푼다.
tar -czf *tarfile dir*	*dir* 디렉터리를 gzip 형식으로 압축한 tar 파일로 만든다. 압축되는 파일명을 출력하려면 -cvzf를 사용하라.

---

bzip2   stdin stdout - file -- opt --help --version

```
bzip2 [options] [files]
bunzip2 [options] [files]
bzcat [options] [files]
```

bzip2는 버로-휠러(Burrows-Wheeler) 형식으로 압축을 하고 bunzip2
는 압축을 푼다. 원래 파일은 몇몇 경우에 삭제될 수도 있다. 압축된
파일의 확장자는 *.bz2*다.

명령 예

bzip2 *file*	*file*을 압축하여 *file.bz2*를 생성한다. 원래 *file*은 삭제된다.
bzip2 -c *file*	압축한 데이터를 표준 출력에 생성한다.
cat *file* | bzip2	압축한 데이터를 표준 출력에 생성한다.
bunzip2 *file.bz2*	*file.bz2*를 압축을 풀고 *file*을 생성한다. 원래 *file.bz2*는 삭제된다.
bunzip2 -c *file.bz2*	표준 출력에 데이터의 압축을 푼다.

cat *file*.bz2 | bunzip2	표준 출력에 데이터의 압축을 푼다.
bzcat *file*.bz2	표준 출력에 데이터의 압축을 푼다.
tar –cjf *tarfile dir*	*dir* 디렉터리를 bzip으로 압축한 tar 파일로 만든다. 압축하는 중에 파일명을 출력하려면 –cvjf를 사용하라.

---

compress

stdin stdout - file -- opt --help --version

```
compress [options] [files]
uncompress [options] [files]
zcat [options] [files]
```

compress와 uncompress 명령어는 표준 유닉스 압축 형식(Lempel Ziv)으로 파일을 압축하고 압축을 푼다. 원래 파일은 삭제될 수도 있다. 압축된 파일의 확장자는 .Z다.

명령 예

compress *file*	*file*을 압축해서 *file.Z*를 생성한다. 원래 *file*은 삭제된다.
compress –c *file*	압축한 데이터를 표준 출력에 생성한다.
cat *file* | compress	파이프라인으로부터 데이터를 받아서 압축한다.
uncompress *file.Z*	*file.Z*의 압축을 풀어서 *file*을 생성한다. 원래 *file.Z*는 삭제된다.
uncompress –c *file.Z*	데이터의 압축을 표준 출력에 푼다.
cat *file.Z* | uncompress	파이프라인으로부터 데이터를 받아서 압축을 푼다.
zcat *file.Z*	데이터의 압축을 표준 출력에 푼다.

```
tar -cZf tarfile dir
```
dir 디렉터리를 압축된 tar 파일로 만든
다. 압축하는 중에 파일명을 출력하려면
-cvZf를 사용하라.

---

zip

```
zip [options] [files]
```

zip은 윈도우 zip 형식으로 파일을 압축하고 unzip은 압축을 푼다. 압축한 파일의 확장자는 *.zip*이다. 다른 리눅스 압축 명령어와는 다르게 zip은 원본 파일을 삭제하지 않는다.

```
zip myfile.zip file1 file2 file3 ...
zip -r myfile.zip dirname
unzip -l myfile.zip
unzip myfile.zip
```
압축
재귀적으로 압축
콘텐츠 나열
압축 해제

---

munpack

```
munpack [options] mail_file
mpack [options] files
```

현대적인 이메일 프로그램들은 첨부 파일이 포함된 이메일의 발신과 수신을 매우 쉽게 할 수 있기 때문에 사용자들은 이에 대해 깊이 생각하지 않는다. 하지만 처음부터 쉽지는 않았다. munpack 같은 프로그램은 메일 메시지에 첨부 파일을 덧붙이거나 메일 메시지에서 첨부 파일을 추출하는 작업을 명령행에서 직접 실행하기 위해 만들어졌다. 예를 들어, JPEG 이미지와 PDF 파일이 첨부된 *messagefile*이라는 파일이 있다고 하자. munpack을 사용하면 이 두 가지를 파일로 추출할 수 있다.

```
→ munpack messagefile
beautiful.jpg (image/jpeg)
researchpaper.pdf (application/pdf)
```

짝을 이루는 프로그램인 mpack은 이와는 반대로 파일을 마임(MIME) 형식으로 첨부하는 작업을 수행한다. 마임으로 인코딩한 이미지 인 *photo.jpg*를 포함하고 있는 *attachment.mime*이라는 파일을 생성해 보자.

```
→ mpack -o attachment.mime photo.jpg
Subject: My photo
```

파일 비교

diff   두 개의 파일 또는 디렉터리를 한 줄씩 비교한다.

comm   두 개의 정렬된 파일을 한 줄씩 비교한다.

cmp   파일 두 개를 바이트마다 비교한다.

md5sum   주어진 파일의 체크섬(MD5)을 산출한다.

리눅스에서 파일들을 비교하는 데는 세 가지 방법이 있다.

- 한 줄씩(diff, diff3, sdiff, comm). 문서 파일에 최적이다.
- 바이트마다(cmp). 바이너리 파일에 종종 사용된다.
- 체크섬 비교(md5sum, sum, cksum)

---

diff   **stdin stdout - file -- opt --help --version**

```
diff [options] file1 file2
```

diff는 두 개의 파일(또는 두 개의 디렉터리)을 한 줄씩 비교하는 명령어다. 문서 파일을 비교할 때 두 파일 간의 차이점을 상세하게 알려 준다. 바이너리 파일의 경우, diff는 파일 간에 다른 점을 거의 찾아내지 못한다. 파일 종류에 상관없이 두 파일 간에 차이점이 없다면 어떠한 출력도 생산하지 않는다.

전통적인 출력 형식은 다음과 같다.

Indication of line numbers and the type of change
< Corresponding section of file1, if any
———
> Corresponding section of file2, if any

예를 들어, 다음과 같은 *fileA*가 있다고 하자.

```
Hello, this is a wonderful file.
The quick brown fox jumped over
the lazy dogs.
Goodbye for now.
```

첫 번째 줄을 삭제하고 두 번째 줄의 'brown'을 'blue'로 바꾼 후 마지막 줄을 추가해 *fileB*를 만들어 보자.

```
The quick blue fox jumped over
the lazy dogs.
Goodbye for now.
Linux r00lz!
```

그리고 나서 diff 명령을 내리면 이 두 파일의 차이점을 보여 준다.

```
→ diff fileA fileB
1,2c1                                      fileA의 1~2행이 fileB의 1행이 됐
다.
< Hello, this is a wonderful file.         fileA의 1~2행
< The quick brown fox jumped over
———                                        diff 구분자
> The quick blue fox jumped over           fileB의 1행
4a4                                        4행은 fileB에 추가됐다.
> Linux r00lz!                             추가된 행
```

줄 선두에 있는 <와 >는 각각 *fileA*와 *fileB*를 나타낸다. 이러한 출력 형식이 기본값이며, 다른 도구에 직접 적용 가능한 형식들도 쓸 수 있다. 다른 형식들도 한번 시도해 보자.

옵션	출력 포맷
-n	rcsdiff에 의해 생성되는 RCS 버전 제어 포맷(자세한 내용은 맨페이지 참고: man rcsdiff)
-c	patch 명령어에 의해 사용되는 문맥 비교 포맷(자세한 내용은 맨페이지 참고: man patch)
-D *macro*	#ifdef *macro* ... #else ... #endif와 같은 형식으로 사용되는 C 전처리기 포맷
-u	파일을 병합하거나 '+'를 통해 추가하고 '-'를 통해 지우는 통합 포맷
-y	-W를 통해 출력의 가로 폭을 조정하는 가로 모드(side-by-side) 포맷
-e	*fileA*를 *fileB*로 변환하는 ed 스크립트를 만든다.
-q	차이점을 보고하지 않고 파일이 달라졌는지 여부만 보고한다.

diff는 디렉터리도 비교할 수 있다.

→ diff dir1 dir2

디렉터리 내에 이름이 같은 파일이 있는지 비교하여 한쪽 디렉터리에만 존재하는 파일 목록을 만든다. 전체 디렉터리의 계층을 재귀적으로 비교하려면 모든 차이점을 보고하는 -r 옵션을 사용하자(단, 목록이 엄청나게 길어질 가능성이 있다).

→ diff -r dir1 dir2

유용한 옵션

-b   공백 문자를 고려하지 않는다.

-B   빈 줄을 고려하지 않는다.

-i   대소문자를 무시한다.

-r   디렉터리를 비교할 때 하위 디렉터리도 반복한다.

diff는 파일 간 차이점에 관련된 동작을 하는 많은 프로그램 중 하나 일 뿐이다. 동시에 파일 세 개를 비교하는 diff3, 파일 두 개의 차이점 을 병합하여 사용자의 지시에 따라 세 번째 파일을 생성하는 sdiff 등 이 있다.

---

comm   stdin **stdout** - file -- opt --help --version

comm [*options*] *file1 file2*

comm은 정렬된 파일 두 개를 비교하여 탭으로 구분된 세 열로 출력 한다.

  1. *file1*에는 있지만 *file2*에는 없는 모든 줄
  2. *file2*에는 있지만 *file1*에는 없는 모든 줄
  3. 두 파일에 모두 존재하는 모든 줄

예를 들어 *commfile1*과 *commfile2*가 다음 줄을 포함하고 있다고 하자.

commfile1:   *commfile2:*

apple   baker
baker   charlie
charlie   dark

comm은 세 열로 된 출력을 만든다.

```
→ comm commfile1 commfile2
apple
                baker
                charlie
        dark
```

유용한 옵션

-1	첫 번째 열은 출력하지 않는다.
-2	두 번째 열은 출력하지 않는다.
-3	세 번째 열은 출력하지 않는다.
-23	첫 번째 파일에만 있는 줄을 나타낸다.
-13	두 번째 파일에만 있는 줄을 나타낸다.
-12	공통된 줄만 나타낸다.

---

cmp   stdin stdout - file -- opt --help --version

cmp [*options*] *file1 file2* [*offset1* [*offset2*]]

cmp 명령어는 파일 두 개를 비교한다. 두 파일의 내용물이 동일하다면 아무것도 보고하지 않는다. 동일하지 않다면 첫 번째 다른 지점의 위치를 보여 준다.

```
→ cmp myfile yourfile
myfile yourfile differ: byte 225, line 4
```

기본값으로 cmp는 무엇이 다른지는 알려 주지 않고 다른 위치만 알려 준다. 문서 파일에 적합한 diff와는 달리 cmp는 바이너리 파일들을 비교하는 데 매우 좋다.

일반적으로 cmp는 각 파일의 시작 부분부터 비교를 시작하나 특정 위치(offset)를 제공하면 거기에서 시작한다.

```
→ cmp myfile yourfile 10 20
```

앞의 경우 *myfile*의 열 번째 문자, *yourfile*의 스무 번째 문자부터 비교가 시작된다.

유용한 옵션

-l   긴 출력. 바이트 단위로 모든 차이점을 출력한다.

→ `cmp -l myfile yourfile`
`225 167 127`

오프셋 225(십진법)에서 *myfile*에 소문자 'w'(팔진법 167), *yourfile*에 대문자 'W'(팔진법 127)가 있다는 뜻 이다.

-s   출력 방지. 상태에 해당하는 코드만 반환하고 바로 종료 한다. 파일이 일치하면 0, 아니면 1을 반환하거나 대상 비교에 실패하면 해당 코드를 반환한다.

---

md5sum   stdin stdout - file -- opt --help --version

md5sum *files* | --check *file*

md5sum은 체크섬으로 파일이 변경되지 않았음을 확인하는 명령어다. 우선 MD5 알고리즘을 이용하여 주어진 파일의 32바이트 체크섬을 생 성한다.

→ `md5sum myfile`
`48760f921ec6111e3979efa14e22535d myfile`

--check 옵션으로 체크섬이 각 파일과 일치하는지 테스트한다.

→ `md5sum myfile myfile2 myfile3 > mysum`
→ `cat mysum`
`48760f921ec6111e3979efa14e22535d myfile`
`49f6c28a5ec01d15703794a31accd08d myfile2`
`d28b9f7fc7d61c60913c8026fc91149a myfile3`

```
→ md5sum --check mysum
myfile: OK
myfile2: OK
myfile3: OK
→ echo "new data" > myfile2
→ md5sum --check mysum
myfile: OK
myfile2: FAILED
myfile3: OK
md5sum: WARNING: 1 of 3 computed checksums did NOT
match
```

서로 다른 파일 두 개가 MD5 체크섬이 같을 확률은 매우 낮다. 그러
므로 체크섬을 비교하는 것은 두 파일의 차이점을 감지하는 데 신뢰성
있는 방법이다.

```
→ md5sum myfile | cut -c1-32 > sum1
→ md5sum myfile2 | cut -c1-32 > sum2
→ diff -q sum1 sum2
Files sum1 and sum2 differ
```

shasum은 다른 알고리즘을 사용하여 더 긴 해시를 생산할 수 있는 매
우 강력한 프로그램이지만 아직까지는 많이 사용되지 않는다. md5sum
보다 좀 더 믿을 만하다.

```
→ shasum myfile                          SHA-1 알고리즘
253c9c5836261859a77f83dc296168b35c1230ac myfile
→ shasum -a 256 myfile                   SHA-256 알고리즘
e8183aaa23aa9b74c7033cbc843041fcf1d1e9e93724b7ef63c94d4c50a15df8
myfile
→ shasum myfile > mysum
→ shasum --check mysum
myfile: OK
```

sum이나 cksum처럼 작고 신뢰성 없는 체크섬을 만들어 내는 오래되고
취약한 프로그램은 피하자.

PDF와 포스트스크립트 파일 처리

pdftotext	PDF 파일에서 텍스트를 추출한다.
ps2ascii	PDF 또는 포스트스크립트에서 텍스트를 추출한다.
pdfseparate	PDF 파일에서 각 페이지별로 추출한다.
pdftk	PDF 파일에 분리, 결합, 회전 등의 조작을 한다.
pdf2ps, ps2pdf	PDF와 포스트스크립트 파일 형식 간 변환을 한다.

윈도우 또는 맥OS와 파일을 주고받을 때 특히 어도비 PDF 형식 파일을 많이 접할 것이다. 흔하지는 않지만 포스트스크립트 형식도 접하게 되거나 파일 출력을 위해 이것으로 변환할 필요가 있을 것이다. PDF와 포스트스크립트 파일 작업을 위한 리눅스용 도구가 많다. 심지어 사용자가 셸에서 작업하고 있어서 파일을 자세하게 볼 수 없어도 작업이 가능하다.

　PDF와 포스트스크립트 파일을 단순히 화면에 나타내고 싶다면 여러 가지 방법이 있다. evince, okular, gv(Ghostview)는 두 타입 모두 나타낼 수 있고 xpdf는 PDF만 가능하다. 어도비에서 만든 오래된 '공식' pdf 뷰어인 acroread가 있지만 더는 유지되지 않으며 상대적으로 느리게 동작한다. 앞의 모든 프로그램은 명령행에서 실행할 수 있다. PDF와 포스트스크립트를 좀 더 심도 있게 다루기 위해서는 다음 내용을 이어서 읽으면 된다.

---

pdftotext　　　　　　　stdin stdout - file -- opt --help --version

pdftotext [options] [file.pdf [outfile.txt]]

pdftotext는 PDF 파일에서 텍스트를 추출하여 하나의 파일로 작성한다. 이 작업은 PDF에 텍스트처럼 보이는 이미지가 아닌 실제 텍스트가 포함되어 있어야 가능하다(예를 들면, 스캐너로 잡지 기사를 스캔한 것).

→ **pdftotext sample.pdf**   *sample.txt를 생성한다.*

유용한 옵션

-f *N*	PDF 파일의 *N*페이지부터 시작한다. 옵선과 숫자 사이에 반드시 한 칸 띄어야 한다.
-l *N*	PDF 파일의 *N*페이지에서 종료한다. 옵선과 숫자 사이에 반드시 한 칸 띄어야 한다.
-htmlmeta	일반 텍스트가 아닌 HTML 파일을 생성한다.
-eol (dos | mac | unix)	개행 문자를 주어진 운영 체제 형식으로 작성한다.

---

ps2ascii   stdin stdout - file -- opt --help --version

```
ps2ascii file.(ps|pdf)] [outfile.txt]
```

ps2ascii는 포스트스크립트 파일에서 텍스트를 추출하는 명령어로 옵선이 없고 간단하다.[22] *sample.ps*에서 텍스트를 추출해 *extracted.txt*에 넣으려면 다음과 같이 한다.

→ **ps2ascii sample.ps extracted.txt**

---

22 실제로 ps2ascii --help를 실행하면 명령행 옵션이 표시되지만 작동하지 않는 옵션들이다. 이 옵션들은 ps2ascii가 호출하는 gs의 옵션이다.

명령어 이름만 보고는 몰랐을 텐데 ps2ascii는 PDF 파일에서도 텍스트를 추출할 수 있다.[23]

→ `ps2ascii sample.pdf extracted.txt`

---

pdfseparate   stdin stdout - file -- opt --help --version

`pdfseparate [options] [file.pdf] [pattern.txt]`

pdfseparate는 PDF 파일을 한 페이지마다 별개의 PDF 파일로 나누는 명령어다. 예를 들어 *one.pdf*가 열 페이지라면 이 명령어는 파일명이 *split1.pdf*에서 *split10.pdf*이고 파일당 한 페이지가 들어 있는 PDF 파일 열 개를 생성할 것이다.

→ `pdfseparate one.pdf split%d.pdf`

마지막 인자는 각 페이지 파일 이름을 형성하는 패턴이며, 기호 `%d`는 분리된 페이지 숫자를 의미한다.

유용한 옵션

-f *N*   *N*페이지부터 PDF 파일을 시작한다. 옵션과 숫자 사이에 공백이 있어야 한다.

-l *N*   *N*페이지에서 PDF 파일을 끝낸다. 옵션과 숫자 사이에 공백이 있어야 한다.

---

23 ps2ascii의 맨페이지에는 PDF 파일이 표준 입력으로부터 올 수 없다고 나와 있는데 실제로 작동에 이상은 없다: `cat sample.pdf | ps2ascii`

pdftk

stdin stdout - **file** -- **opt** --**help** --**version**

pdftk [*arguments*]

pdftk는 PDF 명령어계의 다용도 도구다. 이 다재다능한 명령어는 PDF 파일로부터 페이지를 추출할 수도 있고 여러 PDF를 하나로 만들 수도 있으며 페이지 회전, 워터마크 추가, 암호화와 비암호화 등의 작업을 명령행에서 수행할 수 있다. 이러한 기능은 안타깝게도 복잡한 구문을 사용해야만 하나 조금만 노력하면 몇 가지 유용한 요령을 배울 수 있다.

*one.pdf*와 *two.pdf*를 *combined.pdf*라는 PDF 파일 하나로 합쳐 보자.

→ `pdftk one.pdf two.pdf cat output combined.pdf`

*one.pdf*에서 5, 7, 10-15페이지를 추출하여 *new.pdf*로 만들어 보자.

→ `pdftk one.pdf cat 5 7 10-15 output new.pdf`

one.pdf 파일로부터 첫 다섯 페이지와 *two.pdf* 파일로부터 홀수 페이지를 추출하여 *combined.pdf* 파일로 합쳐 보자.

→ `pdftk A=one.pdf B=two.pdf cat A1-5 Bodd output \`
   `combined.pdf`

one.pdf 파일의 일곱 번째 페이지를 시계 방향('east')으로 90도 회전한 후, *new.pdf*로 복사해 보자.

→ `pdftk one.pdf cat 1-6 7east 8-end output new.pdf`

*one.pdf*와 *two.pdf*의 페이지들을 상호 배치하여 *interleaved.pdf*를 생성해 보자.

→ `pdftk one.pdf two.pdf shuffle output \`

```
interleaved.pdf
```

보통 출력 키워드 전에 나타나는 페이지 선택 기준이 매우 중요하다는 것을 눈치챘을 수도 있다. 한정자(qualifier)와 함께 단수 또는 복수의 페이지 범위로 구성되며 페이지의 범위는 5처럼 한 페이지가 될 수도 있고 5-10, 10-5처럼 범위가 될 수도 있다(10-5는 반대로 전환되어 출력될 것이다). 한정자는 1-100~20-25(1에서 100페이지 중 20에서 25 페이지를 제외한 모든 페이지라는 의미)와 같이 어떠한 범위에서 페이지를 제거할 수 있다. 또한 odd나 even 같은 키워드를 이용하여 홀수 또는 짝수 페이지를 특정할 수도 있고 north, south, east, west 같은 방향을 이용하여 회전을 할 수도 있다. 지금까지 pdftk의 기능 중 극히 일부분만 언급했다. 맨페이지에 더 많은 예제와 모든 구문이 있다.

---

pdf2ps

stdin stdout -file -- opt --help --version

```
pdf2ps [options] file.pdf [file.ps]
ps2pdf [options] file.ps [file.pdf]
```

pdf2ps는 어도비 PDF 파일을 포스트스크립트 파일로 변환하는 명령어다(사용자가 출력 파일명을 제공하지 않으면 기본값으로 입력 파일명에서 .pdf를 .ps로 대체한다).

→ pdf2ps sample.pdf converted.ps

이 명령어는 옵션이 몇 개 있지만 잘 사용되지 않는다. 관심이 있다면 맨페이지를 참고하자.

반대로 포스트스크립트 파일을 PDF 형식으로 변환하려면 ps2pdf를 사용하자.

→ ps2pdf sample.ps converted.pdf

프린트

lpr	파일을 프린트한다.
lpq	프린트 대기열을 본다.
lprm	대기열에서 프린트 작업을 제거한다.

리눅스에는 CUPS와 LPRng라는 두 가지 유명한 프린트 시스템이 있다. 두 시스템 모두 동일한 명령어 lpr, lpq, lprm을 사용한다. 하지만 CUPS와 LPRng 중 어느 것을 사용하느냐에 따라 옵션이 다르다. 이 책에서는 두 시스템 모두에서 동작하는 옵션만 설명하겠다.

과거에는 리눅스에 프린터를 설치하려면 */etc/cups/printers.conf* 또는 */etc/printcap* 같은 설정 파일을 편집해야 했다. 현재는 GNOME과 KDE의 시스템 설정 내부에 이러한 파일들을 설정하는 프린터 설정 도구가 있다.

CUPS 프린터의 문제를 해결하려면 *http://localhost:631*을 방문하여 사용자 컴퓨터의 CUPS 관리 시스템에 접속하면 된다.

---

lpr   **stdin** stdout - file -- opt --help --version

lpr [*options*] [*files*]

lpr(line printer) 명령어는 프린터에 파일을 전송한다.

→ **lpr -P myprinter myfile**

유용한 옵션

-P *printername*	사용자가 이전에 설정해 놓은 프린터 *printername* 에 파일을 전송한다.
-# *N*	파일을 *N*부 프린트한다.

-J *name*　　　　표지에 프린트되는 작업 이름(*name*)을 설정한다
　　　　　　　　(사용자의 시스템이 표지를 프린트하도록 설정됐
　　　　　　　　다면).

---

lpq

lpq [*options*]

lpq(line printer queue) 명령어는 프린트 작업 대기열에 있는 목록을
모두 나열한다.

유용한 옵션
-P *printername*　프린터 *printername*의 대기 목록을 나열한다.
-a　　　　　　　모든 프린터의 대기 목록을 나열한다.
-l　　　　　　　정보를 긴 형태로 보여 준다.

---

lprm

lprm [*options*] [*job_IDs*]

lprm(line printer remove)는 하나 또는 여러 개의 프린트 작업을 취소
하는 명령어다. lpq를 사용하여 원하는 프린트 작업의 아이디를 알아
내고 나서(61과 78이라 하자) 다음을 입력하자.

→ lprm -P *printername* 61 78

어떠한 작업 아이디도 제공하지 않으면 최근 작업이 취소된다(슈퍼 사
용자만 다른 사용자의 작업을 취소할 수 있다). -P 옵션은 어떤 대기열
이 해당 작업을 포함하고 있는지 나타낸다.

철자 검사

look	어떤 낱말의 철자를 빠르게 검색한다.
aspell	대화형의 철자 검사기다.
spell	철자 검사기를 배치(batch) 실행한다

리눅스에는 내장된 철자 검사기가 몇 가지 있다. 그래픽 환경의 철자 검사기에 익숙한 사용자에게 리눅스의 텍스트 기반 철자 검사기는 매우 구식으로 보일 수 있지만 파이프라인과 함께 사용하면 매우 효율적이다.

---

look   stdin **stdout** - file -- **opt** --help --version

look [*options*] *prefix* [*dictionary_file*]

look은 표준 출력에 주어진 문자열의 *prefix*로 시작되는 낱말을 출력하는 명령어다. 낱말들은 사전 파일(기본 위치: */usr/share/dict/word*s)에 저장되어 있다.

→ **look bigg**
bigger
biggest
Biggs

자신의 사전 파일(알파벳순으로 정렬된 모든 텍스트 파일)을 제공하면 look이 주어진 *prefix*로 시작하는 모든 줄을 출력할 것이다.

유용한 옵션

-f	대소문자 비구분
-t *X*	종결 문자 *X*까지만 포함시켜 접두어를 매치한다. 예를 들어 look -t i big은 'bi'로 시작하는 모든 낱말을 출력한다.

---

aspell stdin stdout - file -- opt --help --version

aspell [*options*] *file* | *command*

aspell은 대화형 철자 검사기다. 명령어가 인지하지 못하는 낱말을 찾아내고 그 대안을 제시한다. 몇 가지 유용한 명령어는 다음과 같다.

aspell -c *file*

파일의 모든 낱말의 철자를 대화형으로 확인하고 선택적으로 수정한다.

aspell dump master

표준 출력에 aspell의 마스터 사전을 출력한다.

aspell help

간결한 도움말 메시지를 출력한다. 더 많은 정보는 *http://aspell.net*을 참고하자.

---

spell stdin stdout - file -- opt --help --version

spell [*files*]

spell 명령어는 사전을 기반으로 하여 주어진 파일 안에서 오자를 포함하는 모든 낱말을 출력한다(대화형은 아니다).

```
→ cat badwords
This Linux file has some spelling errors.
You may naturaly wonder if a spelling checker
will pick them up. Careful Linuxx users should
run thier favorite spelling checker on this file.
→ spell badwords
naturaly
Linuxx
their
```

디스크와 파일 시스템

df   마운트된 파일 시스템의 사용 가능한 공간을 보여 준다.

mount   디스크 파티션에 접근 가능하게 한다.

umount   디스크 파티션을 언마운트한다(접근 불가능하게 함).

fsck   디스크 파티션의 에러를 확인한다.

eject   CD, DVD 또는 다른 제거 가능한 디스크를 꺼낸다.

리눅스 시스템은 다양한 디스크와 디스크 파티션을 가질 수 있다. 평
상시 이야기할 때는 디스크, 파티션, 파일 시스템, 볼륨 심지어는 디렉
터리 등으로 다양하게 부른다. 이 책에서는 좀 더 정확하게 하겠다.

디스크는 하드웨어 장치이며 독립적인 저장 장치로 기능하는 파티
션으로 나눌 수 있다. 리눅스 시스템에서 파티션은 일반적으로 /dev
디렉터리 내의 특별한 파일에 해당한다. 예를 들어 /dev/sda7은 하드
드라이브의 파티션일 수 있다. /dev 내의 몇 가지 흔한 장치는 다음과
같다.

sda   첫 번째 블록 장치다. 블록 장치에는 SCSI, SATA, USB
          또는 파이어와이어(FireWire) 등이 있다. 파티션은
          sda1, sda2, … 식으로 나뉜다.

sdb   두 번째 블록 장치다. 파티션은 sdb1, sdb2, … 식으로 나
          뉘며 sdc, sdd도 동일하다.

scd0   첫 번째 SCSI 시디롬 드라이브다(동일하게 scd1, scd2,
          … 식으로 생성된다).

파티션에 파일을 담기 전에, 파일 시스템을 작성하는 프로그램으로 포
맷해야 한다(148쪽, '파티션과 포맷' 참조). 파일 시스템은 파일을 어
떻게 나타낼지 결정한다. ext3(리눅스 저널링 파일 시스템), ntfs(마이

크로소프트 윈도우 NT 파일 시스템) 등을 예로 들 수 있다. 포맷은 보통 사용자가 리눅스를 설치할 때 진행된다.

파일 시스템이 생성되면, 비어 있는 디렉터리에 마운트하여 사용 가능하게 할 수 있다.[24] 예를 들어, */mnt/win*이라는 디렉터리에 윈도우 파일 시스템을 마운트했다면, 사용자 시스템 디렉터리 트리의 일부분이 되고 */mnt/win/myfile* 같은 파일을 생성하거나 편집할 수 있다. 마운트는 부팅할 때 자동으로 실행되며, 파일 시스템들은 유지 보수를 위해 파일 시스템을 통한 접근이 불가능하게 언마운트될 수 있다.

파티션과 포맷

리눅스 시스템에서 파티션 나누기와 포맷 등 디스크와 관련된 작업은 복잡하다. 다음은 필요할 수도 있는 몇 가지 프로그램이다(맨페이지로부터 시작하자).

gparted, parted, fdisk, sfdisk

하드 드라이브의 파티션을 만든다. 이 프로그램들은 대부분의 경우 작동할 것이다. gparted는 가장 간단한 사용자 인터페이스를 가지고 있다.

mkfs

하드 디스크를 포맷한다(예: 새로운 파일 시스템 생성).

---

df　　　　　　　　　　　stdin **stdout** - file -- opt --help --version

df [*options*] [*disk devices* | *files* | *directories*]

df(disk free)는 주어진 디스크 파티션의 크기와 사용된 공간, 사용 가능한 공간을 알려 준다. 파일이나 디렉터리를 입력하면 df는 해당 파일 또는 디렉터리가 위치한 디스크 장치를 알려 준다. 제공되는 속성

---

24 비어 있지 않는 디렉터리에도 마운트할 수 있지만, 그 디렉터리의 내용물은 언마운트하기 전에는 접근할 수 없다.

이 없다면 df는 마운트되어 있는 모든 파일 시스템에 대해 알려 준다.

```
→ df
Filesystem 1k-blocks      Used      Avail Use% Mounted on
/dev/sda    1011928    225464    735060  24% /
/dev/sda9    521748    249148    246096  51% /var
/dev/sda8   8064272   4088636   3565984  54% /usr
/dev/sda10  8064272   4586576   3068044  60% /home
```

유용한 옵션

-k   킬로바이트로 크기를 열거한다(기본 옵션).

-m   메가바이트로 크기를 열거한다.

-B N   N바이트 단위로 크기를 나타낸다(기본값=1024).

-h   사람이 읽기 좋은 형식으로 출력하고 각 크기마다 가장

-H   적당한 단위를 선택한다. 예를 들어 두 디스크에 각각 1
          기가바이트와 25킬로바이트의 빈 공간이 있다면 df -h
          는 1G와 25K라고 출력한다. -h 옵션은 1024승을 사용
          하고 -H 옵션은 1000승을 사용한다.

-l   네트워크 파일 시스템은 제외하고 로컬 파일 시스템만
          나타낸다.

-T   출력에 파일 시스템 타입(ext3, vfat 등)을 포함한다.

-t type   주어진 타입의 파일 시스템만 나타낸다.

-x type   주어진 타입의 파일 시스템은 나타내지 않는다.

-i   아이노드 모드. 디스크 블록이 아닌 각 파일 시스템의
          전체 아이노드 수, 사용된 아이노드 수, 남은 아이노드
          수를 나타낸다.

---

mount   stdin stdout - file -- opt --help --version

```
mount [options] device | directory
```

mount는 파티션에 접근하게 하는 명령어다. 보통은 디스크 드라이브 (/dev/sda1이라고 하자)와 분리형 미디어(예: USB 키)를 존재하는 디렉 터리(/mnt/mydir라고 하자)를 통해 접근 가능하게 만든다.

```
→ sudo mkdir /mnt/mydir
→ ls /mnt/mydir                          이곳은 비어 있다.
→ sudo mount /dev/sda1 /mnt/mydir
→ ls /mnt/mydir
file1 file2 file3                        파일들이 마운트된 파티션에 있다.
→ df /mnt/mydir
Filesystem 1K-blocks   Used  Avail Use% Mounted on
/dev/sda1   1011928 285744 674780  30% /mnt/mydir
```

mount는 옵션과 용도가 무수히 많다. 이 책에서는 가장 기본만 다루 겠다.

대부분의 경우 mount는 /etc/fstab 파일(파일 시스템 테이블)을 읽고 원하는 디스크를 어떻게 탑재할지 안다. 예를 들면 사용자가 mount /usr를 입력했을 때 mount 명령어는 /etc/fstab 내에서 다음과 같은 '/usr'를 찾아본다.

```
/dev/sda8     /usr     ext3     defaults     1     2
```

여기서 mount는 디스크 장치 /dev/sda8이 리눅스 ext3 형식의 파일 시 스템으로 /usr에 마운트되어야 함을 알게 된다. 이제 /dev/sda8을 다음 명령어 중 하나를 가지고 /usr에 마운트할 수 있다.

```
→ sudo mount /dev/sda8                   장치로
→ sudo mount /usr                        디렉터리로
```

mount는 일반적으로 슈퍼 사용자가 사용하지만 USB 키와 DVD처럼 흔한 분리형 장치는 모든 사용자가 마운트, 언마운트할 수 있다.

유용한 옵션

-t *type*	ext3 또는 ntfs 같은 파일 시스템 타입을 지정한다.
-l	마운트된 파일 시스템의 목록을 열거한다. -t와 함께 쓸 수 있다.
-a	*/etc/fstab*에 열거된 모든 파일 시스템을 마운트한다. noauto 옵션을 포함한 항목은 무시한다. -t와 함께 쓸 수 있다.
-r	읽기 전용으로 파일 시스템을 마운트한다(면책 조항은 맨페이지를 참고하자).

---

unmount   stdin **stdout** - file -- **opt** --**help** --**version**

umount [*options*] [*device* | *directory*]

umount 명령어는 mount의 반대 작업을 수행한다. 즉 파일 시스템에서 디스크 파티션에 접근할 수 없게 한다.[25] 예를 들어 DVD를 마운트했다면 언마운트하기 전까지는 제거할 수 없다.

→ **umount "/media/smith/My Vacation Photos"**

분리형 장치를 제거하기 전에 항상 언마운트해야 한다. 특히나 기록이 가능한 장치라면 파일 시스템을 손상시킬 위험이 있다. 마운트된 모든 장치를 언마운트하려면 다음을 입력하자.

→ **sudo umount -a**

사용 중인 파일 시스템을 umount 명령으로 언마운트하려고 시도하면 명령어가 안전상의 이유로 실행을 거부할 것이다.

---

25 철자가 'unmount'가 아니라 'umount'임에 유의하자.

fsck

fsck [*options*] [*devices*]

fsck는 리눅스 디스크 파티션을 확인하고, 요청에 따라 발견된 에러를
수정하는 명령어다. fsck는 사용자가 시스템을 부팅할 때 자동으로 실
행되나 원한다면 수동으로 실행할 수도 있다. 프로그램이 동작하고 있
는 장치에서 작동하지 않도록 하기 위해 fsck로 체크하기 전에 디스크
를 언마운트하는 게 일반적이다.

```
→ sudo umount /dev/sda10
→ sudo fsck -f /dev/sda10
Pass 1: Checking inodes, blocks, and sizes
Pass 2: Checking directory structure
Pass 3: Checking directory connectivity
Pass 4: Checking reference counts
Pass 5: Checking group summary information
/home: 172/1281696 files (11.6% non-contiguous), …
```

시스템이 정상으로 작동 중일 때는 루트 파일 시스템에 fsck를 사용할
수 없다. 따라서 리눅스 CD, DVD 또는 다른 복구 미디어로 부팅을 먼
저 해야 할 것이다.

fsck는 /*sbin* 안에 있는 'fsck'로 시작하는 파일 시스템 검사 프로그램
모음의 프런트 엔드다. 특정 타입의 파일 시스템만 지원되며 그 목록
은 다음을 입력하면 알 수 있다.

```
→ ls /sbin/fsck.* | cut -d. -f2
```

유용한 옵션

-A   /*ect*/*fstab*에 있는 모든 디스크를 순서대로 검사한다.

-N   검사할 수 있었으나 검사되지 않고 종료된 것들에 대한
            기록을 출력한다.

-r	에러를 수정하기 전에 사용자에게 확인한다.
-a	에러를 자동으로 수정한다(작업에 대한 확신이 있을 경우에만 실행하라. 그렇지 않다면 파일 시스템이 엉망이 될 수 있다).

---

eject

eject [*options*] [*device_name*]

eject 명령어는 시디롬 또는 DVD 드라이브 같은 분리형 드라이브에 열기/닫기 버튼을 누르는 것과 같은 일을 한다. 컴퓨터에서 멀리 떨어져 있을 때 편리하다. 당연히 해당 미디어는 꺼낼 수 있는 상태여야 한다.

→ **eject**

유용한 옵션

-h	도움말 메시지를 나타낸다.
-n	어떠한 것도 꺼내지 않고 무슨 작업이 실행될지 알려 준다. 자세한 내용을 알고 싶으면 –v와 함께 사용하라.
-v	자세한 정보를 출력한다.
-d	/dev/cdrom과 같이 분리되는 기본 장치명을 출력하고 종료한다.
-c *N*	멀티 디스크 교체기에서 *N* 디스크를 방출한다.

백업과 원격 저장소

rsync	파일들을 효과적으로 복사한다. 네트워크를 통해서도 복사할 수 있다.

dd   데이터를 저수준(low-level)으로 복사한다.

growisofs   DVD 또는 블루레이 디스크를 굽는다.

소중한 리눅스 파일들을 백업하는 데는 여러 가지 방법이 있다.

- 외장 하드 드라이브와 같은 백업 매체에 복사
- 기록 가능 CD, DVD 또는 블루레이 디스크 굽기
- 원격 컴퓨터에 파일들을 미러링

백업과 관련된 모든 리눅스 명령어를 다루지는 않을 것이다. 유연성 때문에 cpio를 선호하는 사용자들도 있고, 모든 타입의 파일을 백업하는 데 dump나 restore를 깊이 신뢰하는 관리자들도 있다. 관심이 있다면 맨페이지를 참고하라.

---

rsync   stdin **stdout** - file -- opt --help --version

rsync [options] source destination

rsync는 파일 세트를 복사한다. 이 명령어는 파일 권한과 다른 속성들을 포함하는 정확하게 동일한 복사본을 만들 수도 있고(이를 미러링이라 부른다), 데이터만 복사할 수도 있다. 네트워크에서도 작동하고 단일 컴퓨터에서도 작동한다. rsync는 50개가 넘는 옵션과 함께 다양한 용도가 있지만 이 책에서는 백업과 관련된 몇 가지 흔한 경우를 설명하겠다.

단일 기기에서 *mydir* 디렉터리와 그 내용물을 또 다른 디렉터리인 *mydir2*로 미러하려면 다음과 같이 한다.

→ rsync -a mydir mydir2

rsync는 첫 번째 디렉터리를 지정하는 것이 까다롭다. 앞의 예제와 동

일하게 *mydir*라고 입력한다면 그 디렉터리는 *mydir2* 내부로 복사되고 *mydir2/mydir*를 생성한다. *mydir*의 내용물이 *mydir2*로 복사되기를 원한다면 *mydir*에 슬래시를 덧붙여야 한다.

→ `rsync -a mydir/ mydir2`

mydir 디렉터리를 'smith'라는 이름의 계정이 있는, 네트워크에 있는 또 다른 호스트인 *server.example.com*으로 미러링할 때 rsync는 데이터 감청을 방지하기 위해 SSH로 연결을 자동으로 보호할 것이다.

→ `rsync -a mydir smith@server.example.com:D2`

rsync를 좀 더 효율적으로 다루고 싶고 증분 백업을 하고 싶다면 rsnapshot(*http://rsnapshot.org/*)을 살펴보라.

유용한 옵션

-o	파일의 소유권을 복사한다(원격 호스트의 경우 슈퍼 사용자 권한이 필요할 수도 있다).
-g	파일의 그룹 소유권을 복사한다(원격 호스트의 경우 슈퍼 사용자 권한이 필요할 수도 있다).
-p	파일 권한을 복사한다.
-t	파일의 타임스탬프를 복사한다.
-r	디렉터리를 재귀적으로 복사한다(디렉터리 내용물 포함).
-l	소프트 링크의 대상이 아닌 링크 자체의 복사를 허락한다.
-D	슈퍼 사용자만 사용 가능하며 장치의 복사를 허락한다.
-a	미러링. 원래 파일의 모든 속성을 복사한다. 모든 옵션(`-ogptrlD`)을 의미한다.

-x   파일의 트리를 복사할 때 마운트된 파일 시스템으로 이동하는 것이 아니라 현재 파일 시스템에 남아 있게 한다.

-n   연습 모드. 실제로는 아무것도 복사하지 않는다. 단순히 어떤 작업이 이루어질지만 보여 준다.

-v   진행 상황 표시 모드. 복사하는 중에 일어나는 작업 정보를 출력한다. --progress를 추가하면 파일이 복사되는 중에 수치로 된 진행 정도를 보여 준다.

---

dd
stdin stdout - file -- opt --help --version

dd [*options*]

dd는 비트와 바이트의 저수준 복사 명령이다. 이 명령어는 한 파일에서 다른 파일, 즉 *file1*에서 *file2*로 데이터를 복사할 수 있다.

```
→ dd if=fileA of=fileC
7+1 records in
7+1 records out
3816 bytes (3.8 kB) copied, 0.000356028 s, 10.7 MB/s
```

심지어 복사하는 중에 데이터를 변환할 수도 있다. 예를 들어 파일 간에 데이터를 전송하는 동안 모든 문자를 대문자로 변환할 수 있다.

```
→ dd if=fileA of=filecaps conv=ucase
7+1 records in
7+1 records out
3816 bytes (3.8 kB) copied, 0.000389499 s, 9.8 MB/s
```

dd는 파일 복사 외에도 많은 기능을 한다. 한 장치를 다른 장치로 복사하면서 디스크를 복제할 수 있다(경고! 복사 대상 장치의 데이터를 파괴할 수 있다).

```
→ sudo dd if=/dev/device1 of=/dev/device2 bs=512 \
  conv=noerror,sync
```

dd는 비트 이동을 매우 잘한다는 점에서 보면 간단하다. 하지만 복잡
하기도 해서 작업을 수행할 때 신중하지 않으면 순식간에 하드 드라이
브를 지울 수 있다. 슈퍼 사용자로 dd를 사용하기 전에 컴퓨터를 백업
하고 리눅스 '라이브' DVD(1쪽, '이 책에서 다루는 내용' 참조)를 준비
하라.

*https://wiki.archlinux.org/index.php/Disk_cloning*에 방문하면 dd의 정
교한 사용법에 대한 조언을 얻을 수 있다. 내가 가장 좋아하는 용도는
마스터 부트 레코드(master boot record 또는 MBR은 512바이트다)를
디스크에서 파일(이를테면 mybootrecord)로 복사하는 것이다.

```
→ sudo dd if=/dev/device of=mybootrecord bs=512 \
  count=1
```

유용한 옵션

if=*file* 　입력 파일이나 기기를 명시한다.

of=*file* 　출력 파일이나 기기를 명시한다.

bs=*N* 　　*N*바이트를 한 번에 복사한다. '블록 크기'(block size)라
　　　　　고 부른다(입력과 출력의 블록 크기를 다르게 설정하려
　　　　　면, ibs와 obs를 각각 사용하자).

skip=*N* 　복사를 시작하기 전 지나간 *N*블록의 입력을 건너뛴다.

seek=*N* 　복사를 시작하기 전 *N*블록의 출력을 버린다.

conv=*spec* 복사 중인 데이터를 변환한다. *spec*에는 ucase(대문자
　　　　　변환), lcase(소문자 변환), ascii(EBCDIC를 아스키로
　　　　　변환) 등이 가능하며 다른 많은 목록은 맨페이지에서
　　　　　확인하라.

growisofs
stdin stdout - file -- opt --help --version

```
growisofs [options] tracks
```

growisofs 명령어는 쓰기 가능한 CD, DVD, 블루레이 디스크에 데이
터를 기록한다. 리눅스 디렉터리의 내용을 리눅스, 윈도우, 맥OS 시스
템에서 읽을 수 있도록 디스크에 기록하려면 다음과 같이 한다.

1. 다음을 실행하여 디스크 기록 기기를 찾는다.

```
→ more /proc/sys/dev/cdrom/info
CD-ROM information, Id: cdrom.c 3.20 2003/12/17

drive name:          sr1     sr0
drive speed:         48      12
drive # of slots:    1       1
Can close tray:      1       1
Can open tray:       1       1
...
```

사용 가능한 기기는 /dev/sr1과 /dev/sr0에 있다.

2. 기록하기 원하는 파일들을 디렉터리 안에 놓자(dir이라고 하자).
   디스크에 위치하길 원하는 대로 정확히 정렬한다. dir 디렉터리
   자체는 디스크에 복사되지 않고, 그 안의 내용물만 복사된다.

3. mkisofs 명령어로 ISO 이미지 파일을 생성하고, growisofs를 이
   용해 디스크에 기록한다. 기기는 /dev/sr1이라고 하자.

```
→ mkisofs -R -l -o $HOME/mydisk.iso dir
→ growisofs -dvd-compat -Z /dev/sr1=$HOME/mydisk.iso
→ rm $HOME/mydisk.iso
```

오디오 CD 여러 장을 기록하기 원한다면, k3b라는 좀 더 사용하
기 쉬운 그래픽 사용자 인터페이스 프로그램을 대신 사용하라.

프로세스 보기

ps   프로세스를 나열한다.

uptime   시스템 로드(load)를 표시한다.

w   모든 사용자의 활성 프로세스를 나열한다.

top   자원을 많이 쓰는 프로세스를 실시간으로 관찰한다.

free   유휴 메모리를 표시한다.

프로세스는 리눅스 시스템에서 작업 단위(unit)다. 사용자가 실행하는 각 프로그램은 하나 또는 그 이상의 프로세스로 나타나고, 리눅스는 그것들을 조회하고 처리할 수 있는 명령어를 제공한다. 모든 프로세스는 숫자로 된 프로세스 아이디(PID)로 식별된다.

프로세스는 작업(jobs)과는 다르다(47쪽, '셸 작업 제어' 참고). 프로세스는 운영 체제의 일부이고, 작업은 그것들이 실행되고 있는 셸에만 알려진 더 고차원의 구조다. 실행 중인 프로그램은 하나 또는 그 이상의 프로세스로 이뤄져 있고, 작업은 셸 명령어에 의해 수행된 하나 또는 그 이상의 프로그램으로 구성되어 있다.

---

ps   stdin **stdout** - file -- opt **--help --version**

ps [*options*]

ps 명령어는 현재 사용자가 실행 중인 프로세스에 관한 정보를 보여주는데, 선택적으로 다른 사용자의 프로세스를 볼 수도 있다.

```
→ ps
  PID TTY        TIME CMD
 4706 pts/2  00:00:01 bash
15007 pts/2  00:00:00 emacs
16729 pts/2  00:00:00 ps
```

ps에는 최소 80개의 옵션이 있는데 몇 가지 유용한 조합만 살펴보자. 옵션이 다소 일관성 없게 보일 수 있는 이유는 리눅스에서 쓰는 ps 명령어(GNU ps)가 몇몇 다른 유닉스 ps 명령어를 기초로 만들어졌기 때문인데, 이것들을 호환성 있게 사용해 보자.

프로세스를 보려면 다음과 같이 하자.

→ **ps -ux**

'smith'의 프로세스 전체를 보려면 다음과 같다.

→ **ps -U smith**

주어진 명령에 의해 실행된 프로세스를 보려면 다음과 같이 한다.

→ **ps -C *program_name***

*N*번째 터미널의 프로세스는 다음과 같이 본다.

→ **ps -t*N***

특정 프로세스 1, 2, 3505를 보려면 다음과 같이 한다.

→ **ps -p1,2,3505**

화면 너비에 맞춰 줄인 명령행과 함께 모든 프로세스를 보려면 다음과 같이 한다.

→ **ps -ef**

전체 명령행과 함께 모든 프로세스를 보려면 다음과 같다.

→ **ps -efww**

자식 프로세스가 부모 프로세스 밑에 들여쓰기되어 표시되도록 스레드 뷰로 모든 프로세스를 보려면 다음과 같이 한다.

→ **ps -efH**

grep과 다른 필터 프로그램을 이용하여, ps의 출력에서 좀 더 섬세하게 가공된 정보를 추출할 수 있음을 기억하자.

→ **ps -ux | grep myprogram**

---

uptime

stdin **stdout** - file -- opt --help --version

uptime

uptime 명령어는 최근 부팅 이후 시스템이 얼마나 오래 실행됐는지 사용자에게 알려 준다.

```
→ uptime
 10:54pm up 8 days, 3:44, 3 users,
 load average: 0.89, 1.00, 2.15
```

이 정보를 시작부터 끝까지 살펴보면 현재 시간(10:54pm), 시스템 가동 시간(8 days, 3 hours, 44 minutes), 로그인한 사용자 수(3), 세 가지 시간 주기로 표현되는 시스템 로드 평균(load average)이 나와 있는데 앞에서부터 1분(0.89), 5분(1.00), 15분(2.15)을 의미한다. 로드 평균은 정해진 시간 동안 실행을 위해 준비되는 프로세스 개수의 평균을 말한다.

---

w

stdin **stdout** - file -- **opt** --help --version

w [*username*]

w 명령어는 모든 로그인된 사용자가 각 셸에서 실행 중인 현재 프로세

스를 보여 준다.

```
→ w
 10:51pm  up 8 days, 3:42, 8 users,
 load average: 2.02, 3.79, 5.44
USER     TTY   FROM  LOGIN@ IDLE   JCPU   PCPU  WHAT
barrett pts/0 :0    Sat 2pm 27:13m 0.07s  0.07s emacs
jones   pts/1 host1 6Sep03  2:33m 0.74s  0.21s bash
smith   pts/2 host2 6Sep03  0.00s 13.35s 0.04s w
```

처음 두 줄은 uptime에 의해 출력되는 것과 똑같다. 각 항목은 앞에서
부터 사용자 터미널, 원래의 호스트나 X 디스플레이, 로그인 시간, 유
휴 시간, 두 가지로 측정된 CPU 시간(자세한 내용은 man w로 확인하
라), 해당 프로세스를 가리킨다. 지정된 사용자 정보만 보려면 사용자
명을 명시하라.

가장 간단한 출력 결과는 w –hfs로 확인할 수 있다.

션

–h   제목 줄을 출력하지 않는다.

–f   FROM 항목을 출력하지 않는다.

–s   JCPU와 PCPU 항목을 출력하지 않는다.

---

top   stdin **stdout** - file -- opt --**help** --**version**

top [*options*]

top 명령어는 가장 최근에 활성화된 프로세스를 감시하고, 주기적으
로(이를테면 1초에 한 번) 화면을 갱신한다. 스크린 기반인 이 프로그
램은 실시간으로 화면을 업데이트한다.

```
→ top
94 processes: 81 sleeping, 1 running, 0 zombie,
  11 stopped
```

```
CPU states: 1.1% user, 0.5% system, 0.0% nice,
  4.5% idle
Mem: 523812K av, 502328K used, 21484K free, ...
Swap: 530104K av, 0K used, 530104K free
  115300K cached

PID   USER PRI NI SIZE SHARE STAT %CPU %MEM TIME CMD
26265 smith 10 0  1092  840   R    4.7  0.2  0:00 top
    1 root   0 0   540  472   S    0.0  0.1  0:07 init
  914 www    0 0     0    0   SW   0.0  0.0  0:00 httpd
...
```

top이 실행 중일 때 동작을 바꾸기 위한 키를 누를 수 있는데 업데이트 속도 설정(s), 유휴 프로세스 숨김(i), 프로세스 종료(k) 등이 있다. h를 치면 전체 목록을 볼 수 있고, q를 치면 종료된다. 이와 비슷하게 시스템 입출력과 네트워크 대역폭을 감시할 수 있는 프로그램으로 iotop 과 iftop이 있다.

유용한 옵션

-nN N번 갱신 후 종료한다.

-dN 화면 갱신 주기를 N초로 변경한다.

-pN -pM...   프로세스 아이디가 N, M인 프로세스만 표시한다. 20개 까지 표시할 수 있다.

-c   프로세스의 명령행 인자까지 표시한다.

-b   배치 모드. 상호 작용 없이 표준 출력으로 프로세스를 출력한다. top -b -n1 > outfile을 사용해 출력 내용을 파일에 저장할 수 있다.

---

free   stdin **stdout** - file -- opt --**help** --**version**

free [*options*]

free 명령어는 메모리 사용량을 킬로바이트로 보여 준다.

```
→ free
        total     used     free shared buffers cached
Mem:  523812  491944    31868      0   67856 199276
-/+ buffers/cache: 224812  299000
Swap: 530104        0  530104
```

리눅스 커널은 가능한 한 많은 메모리를 캐싱할 목적으로 남겨 두기 때문에 앞선 출력 결과로 램의 남은 공간을 어림잡을 수 있는 것은 buffers/cache 열의 free 항목이다(여기에서는 299000K).

유용한 옵션

-s *N*	지속적으로 실행하고 *N*초마다 화면을 갱신한다.
-b	바이트 단위로 표시한다.
-m	메가바이트 단위로 표시한다.
-t	맨 아래에 'Total' 열을 추가한다.
-o	'buffers/cache' 열을 표시하지 않는다.

프로세스 제어하기

kill	프로세스를 종료한다(또는 종료 신호를 보낸다).
timeout	시간 제한을 주고 명령을 실행한다.
nice	우선순위에 따라 프로그램을 호출한다.
renice	실행할 때 프로세스의 우선순위를 변경한다.
flock	잠금을 이용해 같은 시간에 하나의 프로세스만 실행되는 것을 보장한다.

프로세스가 시작할 때는 해당 프로세스가 정지되거나 재시작되거나 종료되거나 순서 재배치가 일어날 수 있다. 이러한 동작 중 몇 가지를

셸에서 다루는 것을 '셸 작업 제어(47쪽)'에서 해 보았다. 이제는 종료
와 우선순위 재배치를 살펴보자.

---

kill

kill [*options*] [*process_ids*]

kill 명령어는 프로세스에 신호를 보낸다. 이 신호는 프로세스를 종료
(기본 동작)하거나 방해하거나 일시 정지시키거나 충돌을 일으켜 죽
일 수 있다. 그렇게 하려면 프로세스의 소유자이거나 슈퍼 사용자여야
만 한다. 13243이라는 프로세스를 종료하려면 다음을 실행하라.

→ **kill 13243**

어떤 프로그램은 종료하지 않고 이 신호를 다른 용도로 이용하기도 하
기 때문에 종료되지 않으면 -KILL 또는 -9 옵션을 추가하라.

→ **kill -KILL 13243**

하지만 이는 프로그램을 깨끗하게 종료하는 방법이 아니다. 프로세스
가 종료될 때 할당된 자원을 남겨 두거나 다른 불일치를 일으킬 수도
있다.

프로세스 아이디를 잘 모르겠다면 ps를 실행하고 출력을 살펴보라.

→ **ps -uax | grep emacs**

아니면 더 좋은 방법으로 pidof 명령어가 있는데, 프로세스 이름으로
검색하여 프로세스 아이디를 출력한다.

→ **pidof emacs**
8374

이제 프로그램 이름만으로 프로세스를 한 줄로 종료할 수 있다. 셸 역
따옴표를 이용해서 pidof를 실행해 보자.

```
→ kill `pidof emacs`
```

또는 killall 명령어로 주어진 프로그램을 모두 종료할 수도 있다.

```
→ killall emacs
```

파일 시스템의 kill 프로그램(보통 */bin/kill*) 외에 대다수 셸에도 내장
kill 명령이 있는데 구문과 동작이 다르다. 하지만 모두 다음과 같이
사용할 수 있다.

```
→ kill -N PID
→ kill -NAME PID
```

*N*은 시그널 번호이고 *NAME*은 앞에 붙은 'SIG'를 뗀 나머지 이름이다
(SIGHUP 시그널을 보내려면 -HUP을 사용하라). kill이 보내는 시그
널 목록을 전부 보려면 kill -l을 실행하라. 출력은 어떤 kill을 실
행하느냐에 따라 다르다. 시그널에 대한 자세한 설명을 보려면 man 7
signal을 실행하라.

---

timeout   stdin stdout - file -- opt --help --version

timeout [*options*] *seconds command*...

timeout 명령어는 다른 프로그램이 실행되는 데 시간제한을 초 단위
로 설정한다. 제한 시간보다 오래 실행되면 프로그램을 종료한다. 실
례로 1분 동안 실행되어야 하지만 3초 후에 종료되는 sleep 명령어를
보자.

→ **sleep 60**   *60초간 실행*
→ **timeout 3 sleep 60**   *3초 후 종료*

좀 더 실질적인 예를 위해 MP3로 음악을 한 시간 동안 재생하고 종료해 보자.

→ **timeout 3600 mplayer *.mp3**

유용한 옵션

-s *signal*   기본값(TERM) 대신 다른 시그널을 전송한다. kill -l을 실행했을 때 나오는 목록에서 선택할 수 있다.

-k *seconds*   첫 번째 시그널 후에도 프로그램이 종료되지 않는다면 지정한 초만큼 기다렸다가 KILL 시그널을 보낸다.

---

nice   stdin **stdout** - file -- opt --**help** --**version**

nice [-n *level*] *command_line*

시스템 집약적인 프로그램을 호출할 때, 다른 프로세스나 사용자들의 우선순위를 낮출 수 있다면 좋을 것이다. 그게 바로 nice 명령어가 있는 이유다. 우선순위 값을 프로세스에 설정함으로써 리눅스 프로세스 스케줄러가 해당 프로세스를 덜 신경 쓰게 할 수 있다.[26] 다음은 큰 작업을 우선순위 값 7로 설정해 실행하는 예다.

→ **nice -n 7 sort hugefile > outfile**

nice를 우선순위 값 없이 실행하면 10이 사용된다. (nice 없이 실행한) 일반 프로세스는 0으로 실행되는데, nice를 인자 없이 실행하면 이를 확인할 수 있다.

---

26 이 명령을 동사처럼 써서 "그 프로세스를 12로 'nice'했다"라고 말하기도 한다.

→ **nice**
0

슈퍼 사용자 역시 우선순위 값을 낮추어서 프로세스 우선순위를 높일 수 있다.

→ **sudo nice -n -10 myprogram**

작업의 nice 레벨은 ps를 사용해서 'NI' 항목을 보라.

→ **ps -o pid, user, args, nice**

---

renice   stdin **stdout** - file -- opt --help --version

renice [-n *N*] [*options*] *PID*

nice 명령어는 주어진 우선순위 값에 따라 프로그램을 호출할 수 있는데, renice는 이미 실행 중인 프로세스의 우선순위 값을 변경할 수 있다. 프로세스 28734의 nice 레벨을 5로 올려 보자(우선순위는 떨어진다).

→ **renice -n 5 -p 28734**

빠른 테스트를 위해, 2분짜리 슬립(sleep) 프로세스를 만들어 백그라운드에서 실행한 다음, 우선순위를 바꿔 보자.

→ **sleep 120 &**
→ **pidof sleep**
2673
→ **renice -n 5 -p 2673**
2673 (process ID) old priority 0, new priority 5

일반 사용자는 자기 소유 프로세스의 우선순위 값을 증가시킬 수 있다. 반면 슈퍼 사용자는 증감 둘 다 가능하며 어떤 프로세스라도 다룰 수 있다. 유효 범위는 -20에서 +20인데, 시스템 프로세스를 손상시킬 수도 있으므로 너무 큰 음수 값 사용은 피하는 게 좋다.

유용한 옵션

-p *pid*   주어진 프로세스 아이디의 우선순위를 설정한다. -p 옵션은 생략 가능하고 프로세스 아이디만 제공해도 된다 (renice -n 5 28734).

-u *username* 주어진 사용자가 소유한 모든 프로세스의 우선순위를 설정한다.

---

flock   stdin stdout - file -- opt --help --version

flock [*options*] *lockfile command*...

컴퓨터에서 한 번에 프로그램의 복사본 하나만 실행하는 것을 보장해야 할 때가 있지 않았나? 예를 들어, rsync로 매시간 자동 백업 중이라면, 다음 백업이 시작할 때 이전 백업이 여전히 동작 중인 경우가 생길 수도 있다. flock 명령어는 이런 종류의 문제를 해결한다. 백업 스크립트 같은 명령어가 스스로 동시에 실행되는 것을 막아 준다. 동시에 같은 명령어 두 개를 실행하려고 하면, 두 번째 것은 실패할 것이다. flock과 함께 rsync를 실행하면, 같은 명령어로 이미 실행 중인 인스턴스가 있는 경우 즉시 실패한다.

→ **flock -n /tmp/mylock rsync ...**

flock의 동작을 보기 위해 셸 창을 두 개 열고 다음 명령어를 각 창에 동시에 실행하자(아무것도 하지 않고 주어진 시간만큼 기다렸다가 진행하기 위해 sleep 명령어를 사용할 것이다).

→ flock -n /tmp/mylock sleep 60

첫 번째 명령어는 실행되고, 두 번째는 바로 종료될 것이다. 두 명령
어는 완전히 일치하지 않아도 되지만, 같은 잠금 파일(*lockfile*)을 첫
번째 인자로 언급해야 한다. 잠금 파일은 어떤 파일이나 디렉터리도
될 수 있고 flock이 이를 유일한 표식으로 처리하여 다른 명령어가 실
행되는 것을 방지할 수 있다. 예를 들어, sleep 명령어를 한 셸 창에서
실행하고, 다른 창에서 ls를 똑같은 잠금 파일로 실행한다고 하자.

→ flock -n /tmp/mylock ls

두 번째 명령은 실패할 것이다. 서로 다른 잠금 파일을 제공하면 두 명
령어는 다 실행될 것이다.

유용한 옵션

-n   다른 명령어가 이미 실행 중이면 즉시 실패한다.

-w *N* 다른 명령어가 이미 실행 중이면, *N*초 기다린 후 실패
        한다.

-s   배타적인 잠금 파일 대신 공유된 잠금 파일을 사용한다.
        여러 명령어를 이 옵션을 통해 동시에 실행할 수 있지
        만, 옵션을 생략하면 flock이 실패할 것이다. 제한된 개
        수로 명령어를 동시에 실행할 때 유용하다.

작업 스케줄링

sleep   아무것도 하지 않고 설정한 초만큼 기다린다.
watch   주기적으로 프로그램을 실행한다.
at   일회성 작업을 예약한다.
crontab   여러 작업을 예약한다.

특별히 정해진 시간에 또는 일정한 주기로 프로그램을 실행하고 싶다면, 리눅스가 작업의 복잡한 정도에 따라 몇 가지 스케줄링 도구를 제공한다.

---

sleep   stdin stdout - file -- opt --help -version

sleep *time_specification*

sleep 명령어는 단순히 설정한 시간만큼 기다린다. 시간은 정수(초를 의미)로 표시하거나 정수 뒤에 s(초), m(분), h(시), d(일)를 붙여 지정할 수 있다.

→ **sleep 5m**   *5분간 아무것도 하지 않는다.*

sleep은 설정한 시간만큼 명령을 지연시키는 데 유용하다.

→ **sleep 10 && echo 'Ten seconds have passed.'**
(10초 후)
Ten seconds have passed.

---

watch   stdin stdout - file -- opt --help -version

watch [*options*] *command*

watch 프로그램은 주어진 명령어를 일정한 간격을 두고 실행하는데, 기본값은 2초다. 명령어는 셸을 통해 실행되고(셸에서 실행되니 따옴표나 특수 기호의 이스케이프 등을 잘 확인하자), 그 결과는 전체 창 모드로 표시되므로 사용자는 어떤 것들이 변경되는지 편하게 확인할 수 있다. 예를 들어, watch -n 60 date를 실행하면 date 명령어는 1분에 한 번씩 실행될 것이다. 가난한 사람의 시계처럼 말이다. ^C를 치고 빠져나오라.

유용한 옵션

-n *seconds* 실행 간격을 초 단위로 설정한다.

-d 지난 출력과 그다음 출력에서 어떤 점이 바뀌었는지 강
조하기 위해 출력 중 달라진 곳에 강조 표시(highlight)
를 한다.

-g 명령어의 출력 결과가 이전 수행 결과와 다르면 종료
한다.

---

at   **stdin stdout** - file -- **opt** --help --version

at [*options*] *time_specification*

at 명령어는 지정된 시간에 명령어를 한 번만 실행한다.

```
→ at 7am next sunday
at> echo Remember to go shopping | mail smith
at> lpr $HOME/shopping-list
at> ^D
<EOT>
job 559 at 2015-09-14 21:30
```

시간은 매우 유동적으로 지정된다. 일반적으로 다음과 같다.

* 시간 뒤에 날짜가 온다(날짜 뒤에 시간이 오지 않는다).
* 날짜만(현재 시각으로 간주)
* 시간만(오늘이든 내일이든 다음번 바로 그 시간)
* now, midnight, teatime(오후 네 시)처럼 특별한 낱말
* '+ 3 days'처럼 더하기/빼기 기호 뒤에 시간

날짜들은 december 25 2015, 25 december 2015, december 25, 25

december, 12/25/2015, 25.12.2015, 20151225, today, thursday, next thursday, next month, next year 등 다양한 형태로 수용 가능하다. 월 이름은 세 글자로 축약할 수 있고(jan, feb, mar, ...), 시간 역시 유연하다. 8pm, 8 pm, 8:00pm, 8:00 pm, 20:00, 2000이 다 같다. 오프셋은 + 3 days, + 2 weeks, - 1 hour 등처럼 더하기나 빼기 기호 뒤에 빈 칸, 시간순으로 표기한다.[27]

날짜나 시간 부분을 명시하지 않으면 at은 시스템 날짜와 시간으로부터 빠진 정보를 복사한다. 'next year'는 지금으로부터 1년 후를, 'thursday'은 다가오는 목요일의 현재 시각을, 'december 25'는 다가오는 12월 25일을, '4:30pm'은 바로 다음번 다가오는 오후 4시 30분을 의미한다.

at에다가 채워 넣은 명령어는 실행되기 전까지 셀에 의해 평가(evaluate)되지 않기 때문에 와일드카드, 변수 등 다른 셸 구성체(construct)들은 그때까지 확장되지 않는다. 또한, 현재 환경(printenv를 보라)은 각 작업이 실행되기 전까진 마치 로그인을 한 것과 마찬가지로 보존된다. 하지만 별칭은 at 작업에서 사용이 불가능하므로 포함하면 안 된다.

atq('at queue')를 사용해 작업 목록을 보자.

```
→ atq
559 2015-09-14 07:00 a smith
```

at 작업을 삭제하려면 atrm('at remove')에 작업 번호를 넣어 실행하라.

```
→ atrm 559
```

---

[27] /usr/share/doc/at/timespec에서 정확한 구문을 확인할 수 있다. 다만 이 경로는 배포판이나 리눅스 종류에 따라 다를 수 있다. 각 배포판 패키지 관리 명령어로 at 패키지의 문서 디렉터리 위치를 확인해 보기 바란다.

유용한 옵션

-f *filename*   표준 입력 대신 주어진 파일명으로부터 명령어를 읽는다.

-c *job_number* 표준 출력에 작업 명령어를 출력한다.

---

crontab

stdin stdout - file -- opt --help --version

crontab [*options*] [*file*]

crontab 명령어는 at처럼 특정 시간에 작업을 예약하지만, crontab은 '이 명령어는 매달 둘째 목요일 자정에 실행하라'처럼 되풀이되는 작업에 쓰인다. 이런 작업을 하려면 자신의 *crontab* 파일을 수정, 저장해야 하고 이 파일은 시스템 디렉터리 */var/spool/cron*에 자동으로 설치된다. 1분에 한 번씩 리눅스 프로세스는 cron을 깨워 호출하고, *crontab* 파일을 확인한 후 해야 할 작업이 있으면 수행한다.

→ **crontab –e**

기본 편집기($VISUAL)로 *crontab* 파일을 수정한다.

→ **crontab –l**

표준 출력으로 *crontab* 파일을 출력한다.

→ **crontab –r**

crontab 파일을 삭제한다.

→ **crontab myfile**

*myfile*을 *crontab* 파일로 설정한다.

슈퍼 사용자는 -u *username* 옵션으로 다른 사용자의 *crontab* 파일을
사용할 수 있다.

crontab 파일은 한 줄에 한 작업을 포함한다(빈 줄과 '#'로 시작하는
주석 줄은 무시된다). 각 줄은 공백으로 분리된 필드 여섯 개를 갖는
다. 처음 다섯 개 필드는 작업 실행 시간을 명시하고, 마지막 필드는
작업 명령어를 명시한다.

시간의 분 표시

0과 59 사이의 정수다. 숫자 하나(30), 콤마로 구분된 숫자의 순서
(0, 15, 30, 45), 범위(20-30), 범위로 된 순서(0-15, 50-59), 또는
매 분을 의미하는 *로 표현할 수 있다. 또한 'n분마다'는 /n으로 설
정할 수 있다. 예를 들어, */12와 0-59/12 둘 다 0, 12, 24, 36, 48
을 의미한다(매 12분).

하루의 시간 표시

분과 구문이 같다.

월의 날짜 표시

1과 31 사이의 정수다. 순서, 범위, 범위로 이뤄진 순서, *가 모두
가능하다.

년의 월 표시

1과 12 사이의 정수다. 순서, 범위, 범위로 이뤄진 순서, *가 모두
가능하며, 추가로 축약된 세 글자(jan, feb, mar, ...)로도 표현할
수 있지만 범위나 순서에는 쓰면 안 된다.

주간의 요일 표시

0(일요일)과 6(토요일) 사이의 정수다. 순서, 범위, 범위로 이뤄진
순서, *가 모두 가능하며, 추가로 축약된 세 글자(sun, mon, tue,

...)로도 표현할 수 있지만 범위나 순서에는 쓰면 안 된다.

실행을 위한 명령어

로그인 환경에서 실행될 명령어다. 따라서 $HOME과 같은 환경 변수를 참고해 작동할 것이다. 리눅스 시스템에는 이름이 같은 프로그램이 몇 개 있기 때문에 cron이 정확한 프로그램을 실행하도록 하려면 반드시 명령어에 절대 경로를 사용해야 한다(예: who 대신 */usr/bin/who*).

다음은 시간 지정 예다.

*	*	*	*	*	매분
45	*	*	*	*	매시 45분(1:45, 2:45 등)
45	9	*	*	*	매일 오전 9:45
45	9	8	*	*	매월 8일 오전 9:45
45	9	8	12	*	매년 12월 8일 오전 9:45
45	9	8	dec	*	매년 12월 8일 오전 9:45
45	9	*	*	6	매주 토요일 오전 9:45
45	9	*	*	sat	매주 토요일 오전 9:45
45	9	*	12	6	매년 12월 토요일 오전 9:45
45	9	8	12	6	매년 12월 매주 토요일 오전 9:45, 매년 12월 8일 오전 9:45

명령어가 수행 결과를 내면, cron은 여러분에게 이메일(또는 더 명확하게 *crontab* 파일이 명시한 무언가)을 보낼 것이다(cron 맨페이지를 보라).

로그인, 로그아웃, 종료

독자들이 리눅스 계정에 로그인할 수 있다고 간주하고 설명을 진행하겠다. GNOME이나 KDE에서 로그아웃을 하려면 메인 메뉴의 로그아웃을 선택하면 되지만, 원격 셸에서 로그아웃하려면 셸을 닫으면 된다 (exit나 logout을 입력하자).

리눅스 시스템의 전원은 그냥 꺼 버리면 안 되고 좀 더 안전하게 종료해야 한다. GNOME이나 KDE에서 종료를 수행하려면 메인 메뉴를 이용한다. 셸에서는 슈퍼 사용자 권한으로 다음과 같이 shutdown이나 systemctl 명령어를 실행하라.

---

shutdown stdin **stdout** - file -- opt --help --version

shutdown [*options*] *time* [*message*]

shutdown 명령어는 리눅스 시스템을 정지하거나 재부팅하며 오직 슈퍼 사용자만 실행할 수 있다. 다음 명령어는 10분 안에 시스템을 정지시키고, 'scheduled maintenance'라는 메시지를 모든 로그인 사용자에게 발송한다.

→ sudo shutdown -h +10 "scheduled maintenance"

*time*은 +10처럼 더하기 기호 뒤에 분 단위 숫자로 표시하거나 16:25처럼 시간과 분을 절대적으로 표기하거나 지금 당장을 의미하는 now처럼 문자가 들어갈 수 있다.

시스템 콘솔에서 shutdown을 실행할 때 아무 옵션을 주지 않으면, 오직 한 사람만 로그인되어 있는 특수한 모드(single-user mode, 단독 사용자 모드)에 놓이고, 불필요한 서비스들은 꺼진다. 단독 사용자 모드를 벗어나려면 다시 shutdown을 수행하여 종료 또는 재부팅을 하거나 ^D를 쳐서 일반 모드(다중 사용자 모드)로 시스템을 다시 돌려놓으면 된다.

유용한 옵션

-r	시스템을 재부팅한다.
-h	시스템을 중지한다.
-k	실제로 서버를 정지시키지는 않고, 모든 사용자에게 시스템이 종료될 거라는 경고 메시지를 보낸다.
-c	시스템 종료 명령을 취소한다(*time* 인자를 생략한다).
-f	재부팅할 때 fsck 프로그램이 늘 수행하는 파일 시스템 확인을 건너뛴다.
-F	재부팅할 때 파일 시스템 확인을 요구한다.

시스템 종료, 단독 사용자 모드, 다양한 시스템 상태에 대한 기술적인 정보는 init과 inittab 맨페이지를 보자.

---

systemctl　　　　　　　　**stdin stdout - file -- opt --help --version**

systemctl [*options*] *command* [*arguments*]

어떤 배포판에는 shutdown 명령어가 systemctl로 심벌릭 링크가 걸려 있다. 전체 호스트를 비롯해 서비스를 시작하고 중지하는 데 다양하게 사용되는 systemctl은 systemd라는 서비스 관리자의 일부다. systemd를 모두 다루는 것은 이 책의 범위를 벗어나므로 몇 가지 기본 사용법만 살펴볼 것이다(자세한 사항은 systemd 맨페이지를 보라).

```
sudo systemctl poweroff      시스템을 종료한다.
sudo systemctl reboot        시스템을 재부팅한다.
sudo systemctl suspend       시스템을 일시 중지한다.
```

사용자와 사용자 환경

logname   로그인명을 출력한다.

whoami   현재 사용자명을 출력한다.

id   사용자 아이디와 사용자의 그룹 자격(membership)을 출력한다.

who   로그인된 사용자를 나열하는데 긴 출력이다.

users   로그인된 사용자를 나열하는데 짧은 출력이다.

finger   사용자 관련 정보를 출력한다.

last   가장 최근에 로그인한 사용자를 보여 준다.

printenv   현재 환경을 출력한다.

누가 시스템을 사용하는가? 시스템이 정확히 알고 있다. 이 프로그램 모음이 사용자에 관련된 모든 정보를 알려 줄 것이다(이름, 로그인 시간, 환경 속성 등).

---

logname   stdin **stdout** - file -- opt --**help** --**version**

logname

logname 명령어는 로그인명을 출력한다(사소해 보이지만 셸 스크립트에서는 유용하다).

→ **logname**
smith

이 명령어가 시스템에서 동작하지 않으면 대신 다음을 시도해 보라.

→ **echo $LOGNAME**

---

whoami   stdin **stdout** - file -- opt --**help** --**version**

whoami

whoami 명령어는 현재 유효한 사용자명을 출력한다. sudo를 사용했다면 로그인명(logname의 출력)이 달라질 수도 있다. 다음 예는 whoami와 logname의 차이를 보여 준다.

→ **logname**
smith
→ **sudo logname**
smith
→ **whoami**
smith
→ **sudo whoami**
root

---

id   stdin **stdout** - file -- opt --**help** --**version**

id [*options*] [*username*]

모든 사용자는 유일한 사용자 아이디(숫자로 된)와 기본 그룹(숫자로 된 유일한 그룹 아이디를 가진)을 갖는다. id 명령어는 이와 관련된 값들을 사용자명, 그룹명과 연관 지어 출력한다.

→ **id**
uid=500(smith) gid=500(smith)
groups=500(smith),6(disk),490(src),501(cdwrite)

유용한 옵션

−u   유효한 사용자 아이디를 출력하고 빠져나간다(exit).

−g   유효한 그룹 아이디를 출력하고 빠져나간다.

−G   사용자가 소속된 다른 모든 그룹 아이디를 출력한다.

−n   숫자로 된 아이디 대신 사용자나 그룹의 이름을 출력한
            다. −u, −g, −G 등과 조합해서 써야 한다. 예를 들어, id
            −Gn은 groups 명령어와 동일한 출력을 한다.

−r   유효한 값 대신 로그인 값을 출력한다. −u, −g, −G 등과
            조합해서 써야 한다.

---

who   stdin **stdout** - file -- opt --**help** --**version**

who [*options*] [*filename*]

who 명령어는 로그인되어 있는 모든 사용자 목록을 한 줄당 사용자 셸
하나씩 나열한다.

```
→ who
smith    pts/0   Sep   6 17:09 (:0)
barrett  pts/1   Sep   6 17:10 (10.24.19.240)
jones    pts/2   Sep   8 20:58 (192.168.13.7)
jones    pts/4   Sep   3 05:11 (192.168.13.7)
```

일반적으로 who는 */var/run/utmp*로부터 그 데이터를 얻는다. *filename*
인자는 다른 데이터 파일을 명시할 수 있는데, 지난 로그인은 */var/log/
wtmp*, 실패한 로그인은 */var/log/btmp* 같이 사용할 수 있다.[28]

유용한 옵션

−H   첫 줄에 열(column) 제목을 출력한다.

---

[28] 이런 정보를 기록하도록 설정되어 있는 시스템이라고 가정한다면 말이다.

--lookup	원격 로그인한 사용자의 호스트명을 출력한다.
-u	사용자 각각의 유휴(idle) 시간을 그들의 터미널에 출력한다.
-T	사용자 각각의 터미널이 쓰기 가능한 상태인지 나타낸다(221쪽, '인스턴트 메시징'에서 mesg를 보라). 더하기 기호는 '가능', 빼기 기호는 '불가능', 물음표 기호는 '알 수 없음'이다.
-m	오직 자기 자신에 대한 정보만 보여 준다(이를테면, 현재 터미널에 연관된 사용자).
-q	빠르게 사용자명과 사용자 수만 보여 준다. users와 비슷하지만 합계를 더 보여 준다.

---

users
stdin **stdout** - file -- opt --**help** --**version**

users [*filename*]

users 명령어는 로그인 세션을 가지고 있는 사용자 목록을 빠르게 보여 준다(사용자가 셸을 여러 개 실행 중이라면 여러 번 나올 것이다).

→ **users**
barrett jones smith smith smith

who 명령어처럼 users는 기본적으로 */var/log/utmp*를 읽어 들이지만, 제공되는 다른 파일을 읽어 들일 수도 있다.

---

finger
stdin **stdout** - file -- opt --**help** --**version**

finger [*options*] [*user*[*@host*]]

finger 명령어는 로그인된 사용자 정보를 짧은 형태로 출력한다.

→ **finger**
```
Login   Name            Tty     Idle Login Time
smith   Sandy Smith     :0           Sep 6 17:09
barrett Daniel Barrett :pts/1 24     Sep 6 17:10
jones   Jill Jones      :pts/2       Sep 8 20:58
```

긴 형식으로도 출력할 수 있다.

→ **finger smith**
```
Login: smith                    Name: Sandy Smith
Directory: /home/smith          Shell: /bin/bash
On since Sat Sep 6 17:09 (EDT) on :0
Last login Mon Sep 8 21:07 (EDT) on pts/6 from web1
No mail.
Project:
Enhance world peace
Plan:
Mistrust first impulses; they are always right.
```

user 인자는 로컬 사용자명이나 원격 사용자명 둘 다 사용 가능하나 원격 사용자는 *user@host* 형태여야 한다. 원격 호스트는 finger 요청에 응답하게 설정되어 있어야만 응답할 것이다.

유용한 옵션

-l   긴 형태 출력

-s   짧은 형태 출력

-p   일반적인 ~/.*project*와 ~/.*plan*에서 읽어 들인 프로젝트 (project)와 플랜(plan) 항목은 각각 표시하지 않는다.

---

last   stdin **stdout** - file -- **opt** --help --version

last [*options*] [*users*] [*ttys*]

last 명령어는 로그인 히스토리를 시간의 역순으로 보여 준다.

→ last
```
bob pts/3 localhost Mon Sep 8 21:07 - 21:08 (00:01)
sue pts/6 :0         Mon Sep 8 20:25 - 20:56 (00:31)
bob pts/4 myhost     Sun Sep 7 22:19 still logged in
...
```

출력을 제한하기 위해 사용자명이나 tty(teletypewriter: 표준 입력과 출력을 가지고 있는 단말로 하나의 터미널)명을 입력할 수 있다.

유용한 옵션

-N	결과의 최근 *N*줄만 출력한다. *N*은 양수다.
-i	호스트명 대신 IP 주소를 표시한다.
-R	호스트명은 표시하지 않는다.
-x	시스템 종료나 시스템 레벨 변경(예: 단일 사용자 모드에서 멀티 사용자 모드로 변경)을 표시한다.
-f *filename*	*/var/run/wtmp* 대신 주어진 파일명으로부터 데이터를 읽어 들인다. 더 자세한 내용은 who 명령어가 파일 인자를 지정하는 방법을 참고하자.

---

printenv

stdin **stdout** - file -- opt --help --version

```
printenv [environment_variables]
```

printenv 명령어는 셸에 알려진 모든 환경 변수와 그 값을 출력한다.

→ printenv
```
HOME=/home/smith
MAIL=/var/spool/mail/smith
NAME=Sandy Smith
SHELL=/bin/bash
...
```

또는 특정 변수만 출력할 수 있다.

```
→ printenv HOME SHELL
/home/smith
/bin/bash
```

사용자 계정 관리

useradd	계정을 생성한다.
userdel	계정을 삭제한다.
usermod	계정을 변경한다.
passwd	비밀번호를 변경한다.
chfn	사용자 개인 정보를 변경한다.
chsh	사용자 셸을 변경한다.

리눅스 배포판 설치 과정에서 틀림없이 슈퍼 사용자(root) 계정을 만들게 되어 있다. 그리고 일반 사용자 계정(아마도 자신이 쓸) 역시 만들 것이다. 그리고 다른 계정들도 만들고 싶을 수 있다.

사용자를 생성하는 것은 가볍게 보면 안 되는 매우 중요한 작업이다. 모든 계정은 잠재적으로 시스템에 침투할 길이 될 수 있기 때문에 모든 사용자는 강력하고 추측하기 어려운 비밀번호를 가져야만 한다.

---

useradd

stdin stdout - file -- opt --help --version

useradd [options] username

useradd 명령어는 슈퍼 사용자가 일반 사용자 계정을 생성할 수 있게 한다.

→ **sudo useradd smith**

기본값은 그다지 유용하지 않고(useradd -D를 실행해 기본값을 한번 보라) 넣을 수 있는 옵션을 확실하게 모두 충족시켜 주는 것이 좋다. 예를 들면 다음과 같다.

```
→ sudo useradd -d /home/smith -s /bin/bash \
  -g users smith
```

유용한 옵션

-d *dir*
사용자 홈 디렉터리를 *dir*로 설정한다.

-s *shell*
사용자 로그인 셸을 *shell*로 설정한다.

-u *uid*
사용자 아이디를 *uid*로 설정한다. 이게 뭔지 모르겠으면 이 옵션은 생략하고 기본값으로 설정하라.

-c *string*
사용자 주석 필드(역사적으로 GECOS 필드라 부른다)를 설정한다. 보통 사용자의 전체 이름이지만 어떤 문자열이라도 상관은 없다. chfn 명령어 역시 이 정보를 설정할 수 있다.

-g *group*
사용자 최초(기본) 그룹을 *group*으로 설정한다. 숫자로 된 그룹 아이디나 그룹명으로 선택 가능하고 반드시 이미 존재하는 것 중 선택한다.

-G *group1, group2, ...*
기존 그룹들의 멤버로 사용자를 추가한다.

-m
새로 생성된 홈 디렉터리로 시스템 골격(*/etc/skel*) 디렉터리의 모든 파일을 복사한다. 골격(skeleton) 디렉터리는 전통적으로 ~/.bash_profile과 같은 초기화 파일들의 최소 버전을 포함하며, 새로운 사용자가 시작할 때 얻게 된다. 다른 디렉터리를 복사하고 싶다면 -k 옵션으로 추가하라(-k *dirname*).

---

userdel

userdel [-r] *username*

userdel 명령어는 존재하는 사용자를 삭제한다.

→ sudo userdel smith

-r 옵션을 넣어 주지 않으면 사용자의 홈 디렉터리 파일들은 삭제하지 않는다. 계정을 비활성화하는 방법을 먼저 고려해 보고(usermod -L) 조심스럽게 삭제를 생각해 보라. 언젠가 다시 필요하게 될지도 모르니 사용자를 삭제하기 전에 사용자의 모든 파일은 백업하는 게 좋다.

---

usermod

usermod [*options*] *username*

usermod 명령어는 주어진 사용자의 홈 디렉터리 변경 등 다양한 방법으로 사용자 계정을 수정한다.

→ sudo usermod -d /home/another smith

유용한 옵션

-d *dir*   사용자 홈 디렉터리를 *dir*로 변경한다.

-l *username*   사용자 로그인명을 *username*으로 변경한다. 이렇게 하기 전에 정말 조심해야 하

는데, 시스템이 원래 이름에 연관되어 있을지도 모르기 때문이다. 그리고 이 명령이 어떤 명령인지 정말 모르겠다면 절대로 시스템 계정은 변경하지 말자(root, daemon 등 시스템 계정).

-s *shell*	사용자 로그인 셸을 *shell*로 변경한다.
-g *group*	사용자 최초(기본) 그룹을 *group*으로 변경한다. 숫자로 된 그룹 아이디나 그룹명으로 선택 가능하고 반드시 이미 존재하는 것 중 선택해야 한다.
-G *group1, group2, ...*	사용자가 기존 그룹들의 추가 멤버가 되도록 한다. 이전에 소속된 그룹과 변경될 그룹이 다르면 이전의 그룹명은 여기에 기입하지 말라. 사용자는 더 이상 이전 그룹의 소속이 아니기 때문이다.
-L	사용자가 로그인할 수 없게 비활성화한다(잠금).
-U	-L로 잠근 사용자 계정의 잠금을 해제한다.

---

passwd

stdin **stdout** - file -- **opt** --**help** --version

passwd [*options*] [*username*]

passwd 명령어는 로그인 비밀번호를 변경한다. 다음과 같이 실행하면 기본으로 자기 비밀번호를 변경한다.

→ **passwd**

슈퍼 사용자의 권한으로 다른 사용자의 비밀번호를 변경하려면 다음
과 같이 한다.

→ **sudo passwd smith**

passwd의 옵션 대부분은 비밀번호 만료와 관계있는 것들이다. 이 옵션
들은 잘 짜인 보안 정책이 바탕이 된 상황에서만 사용하라.

---

chfn   stdin **stdout** - file -- **opt** --**help** --**version**

chfn [*options*] [*username*]

chfn(change finger, 정보 변경) 명령어는 시스템에 들어 있는 개인 정
보 몇 가지를 업데이트할 때 사용한다. 개인 정보는 실명, 집 전화번
호, 사무실 전화번호, 사무실 위치 등 finger 명령어로 볼 수 있는 것들
이다. 사용자명 없이 호출하면 chfn은 명령을 호출한 사용자의 계정에
영향을 미치고, 루트 계정으로 사용자명을 포함해서 호출하면 해당 사
용자에게 영향을 미친다. 옵션 없이 chfn을 호출하면 요청한 정보가
즉시 나타난다.

```
→ chfn
Password: ********
Name [Shawn Smith]: Shawn E. Smith
Office [100 Barton Hall]:
Office Phone [212-555-1212]: 212-555-1234
Home Phone []:
```

유용한 옵션

-f *name*   *name*으로 전체 이름을 변경한다.

-h *phone*   *phone*으로 집 전화번호를 변경한다.

-p *phone*   *phone*으로 사무실 전화번호를 변경한다.

-o *office*   *office*로 사무실 주소를 변경한다.

chsh

chsh [*options*] [*username*]

chsh(change shell, 셀 변경) 명령어는 로그인 셀 프로그램을 설정한
다. 사용자명 없이 호출하면 자기 계정에, 루트 사용자가 사용자명을
명시하고 호출하면 해당 사용자 계정에 영향을 미친다. 옵션 없이 호
출되면 요청한 정보를 즉시 보여 준다.

```
→ chsh
Changing shell for smith.
Password: *******
New shell [/bin/bash]: /bin/tcsh
```

새로운 셀은 반드시 */etc/shells*에 열거되어 있어야만 한다.

유용한 옵션

-s *shell*   새로운 셀을 명시한다.

-l   허용 가능한 모든 셀을 열거한다.

슈퍼 사용자 되기

대다수 일반 사용자는 자기 소유의 파일만 변경할 수 있다. 슈퍼 사용
자 또는 루트라는 특별한 사용자는 시스템에 완전히 접근할 수 있고
거기서 모든 일을 할 수 있다. 슈퍼 사용자 권한이 필요할 때는 별로
없는데, 사실 실수로 리눅스 시스템을 망치지 않으려면 루트 권한은
꼭 필요할 때만 사용해야 한다.

슈퍼 사용자가 될 수 있는 몇 가지 방법이 있다. 하나는 sudo 명령어
를 이용하는 것인데 단일 명령어를 사용하는 동안에만 슈퍼 사용자 능
력을 획득할 수 있다. sudo 뒤에 명령어를 입력하면 sudo가 컴퓨터에
설정된 방식에 따라 비밀번호를 묻게 된다.

```
→ sudo rm protected_file
Password: ********          자신의 비밀번호
```

여러 명령어를 사용하는 동안 슈퍼 사용자 권한을 지속시키기 위해 sudo를 이용해서 셸을 실행할 수 있다.

```
→ sudo bash
```

보호된 여러 디렉터리를 cd로 훑어보기에 편리하다. 슈퍼 사용자로서 명령 수행이 완료되고 ^D 또는 exit를 치면 슈퍼 사용자 셸이 종료되고 원래 셸로 복귀한다. 현재 셸이 슈퍼 사용자 셸인지 보통 셸인지 잊었다면, whoami 명령어로 소속을 확인할 수 있다. 슈퍼 사용자라면 root라고 보일 것이다.

　또 다른 방법으로 슈퍼 사용자가 되려면 su 명령어를 입력하고 슈퍼 사용자 셸을 생성하면 되는데, 이때는 루트 비밀번호라는 다른 비밀번호가 필요하다. 시스템의 루트 비밀번호를 모른다면 su를 사용할 수 없다(직접 리눅스를 설치했다면 설치하는 동안 직접 루트 비밀번호를 선택했을 것이다).

```
→ su -l
Password: ********          루트 비밀번호
#
```

슈퍼 사용자임을 나타내기 위해 해시(#) 마크로 프롬프트가 변경될 것이다.

　su 명령어에 다음과 같이 사용자명을 넣었다고 하자.

```
→ su -l sophia
Password: ********          sophia의 비밀번호
```

비밀번호가 맞게 입력됐다면 해당 사용자가 될 수 있다.

　sudo와 su는 중요한 차이점이 있다. su는 모든 리눅스 시스템 표준

이지만 이를 실행하기 위해서는 사용자 비밀번호와는 다른 비밀번호
가 필요하다. sudo는 사용자의 비밀번호를 사용하지만 그 비밀번호를
사용할 수 있게 설정되어 있어야만 한다. sudo는 슈퍼 사용자가 여러
명 있는 시스템에 훨씬 더 좋다. /etc/sudoers 파일에서 권한을 세밀하
게 제어할 수 있고 심지어 실행하는 명령어들도 기록(log)할 수 있기
때문이다. 전부 다 설명하는 것은 이 책의 범위를 넘어서므로 자세한
사항은 man sudo를 실행하거나 http://www.sudo.ws/를 참고하자.

그룹 관리

groups   사용자가 어느 그룹에 속해 있는지 출력한다.

groupadd   그룹을 생성한다.

groupdel   그룹을 삭제한다.

groupmod   그룹을 변경한다.

그룹은 계정 모음인데 한 단위로 취급된다. 파일을 수정하는 것 같은
어떤 동작 권한을 그룹에 부여하면, 그룹에 속한 모든 사용자는 그 권
한을 갖게 된다. 다음과 같이 friends 그룹에 /tmp/sample 파일에 대한
읽기, 쓰기, 실행 등 모든 권한을 부여할 수 있다.

```
→ groups
users smith friends
→ chgrp friends /tmp/sample
→ chmod 770 /tmp/sample
→ ls -l /tmp/sample
-rwxrwx--- 1 smith friends 2874 ... /tmp/sample
```

그룹에 사용자를 추가하려면 /etc/group을 루트 권한으로 수정한다.[29]
파일의 그룹 소유권을 변경하려면 chgrp 명령어를 기억하라(80쪽, '파

[29] 시스템마다 그룹 멤버 목록 저장 방법이 다를 수도 있다.

일 속성' 참고).

---

groups

groups [*usernames*]

groups 명령어는 자신이 속한 그룹이나 다른 사용자가 속한 그룹을 출력한다.

→ **whoami**
smith
→ **groups**
smith users
→ **groups jones root**
jones : jones users
root : root bin daemon sys adm disk wheel src

---

groupadd

groupadd [*options*] *group*

groupadd 명령어는 그룹을 생성한다. 대개 —f 옵션을 사용해서 이미 만들어져 있는 그룹과 중복되는 것을 방지한다.

→ **sudo groupadd —f friends**

유용한 옵션

-g *gid*   groupadd가 그룹을 선택하게 하지 않고 자신의 고유 그룹 아이디를 지정한다.

-f   이미 존재하는 그룹이 있을 경우 메시지와 함께 종료한다.

---

groupdel

groupdel *group*

groupdel 명령어는 기존 그룹을 삭제한다.

→ sudo groupdel friends

이렇게 하기 전에 그룹의 모든 파일이 주어진 그룹의 아이디로 설정
되어 있는지 확인해 보는 게 좋다. 그래야 나중에 그것들을 다 다룰 수
있다.

→ sudo find / -group friends -print

groupdel은 파일의 소유 권한을 바꾸지는 않고 간단히 시스템 기록에
서 그룹명을 삭제하기 때문이다. 그런 파일들이 열거된다면 그룹명 자
리에 숫자로 된 그룹 아이디를 볼 수 있을 것이다.

---

groupmod

groupmod [*options*] *group*

groupmod 명령어는 주어진 그룹의 이름이나 그룹 아이디를 변경한다.

→ sudo groupmod -n newname friends

groupmod는 이 그룹이 소유한 어떤 파일에도 영향을 미치지 않고 단순
히 아이디나 이름만을 시스템 기록에서 변경한다. 아이디를 변경할 때
주의하지 않으면 이 파일들이 존재하지 않는 그룹의 소유로 변경될 것
이다.

유용한 옵션

-n *name*   그룹명을 *name*으로 변경한다(안전).

-g *gid*   그룹 아이디를 *gid*로 변경한다(위험).

호스트 정보

uname   시스템 기본 정보를 출력한다.

hostname   시스템의 호스트명을 출력한다.

domainname   hostname -y와 같다.

ip   네트워크 인터페이스 정보를 설정하고 보여 준다.

ifconfig   네트워크 인터페이스 정보를 설정하고 보여 주는 예전
             명령어다.

모든 리눅스 컴퓨터(또는 호스트)는 이름, 네트워크 IP 주소 등 여러 속성을 갖는다. 어떻게 이 정보를 표시할 수 있는지 살펴보자.

---

uname   stdin stdout - file -- opt --help --version

uname [*options*]

uname 명령어는 컴퓨터의 기본 정보를 출력한다.

```
→ uname -a
Linux server.example.com 4.2.0-17-generic
 #21-Ubuntu SMP Fri Oct 23 19:56:16
 UTC 2015 x86_64 ... GNU/Linux
```

여기엔 커널 이름(Linux), 호스트명(server.example.com), 커널 릴리스(4.2.0-17-generic), 커널 버전(#21-Ubuntu SMP Fri Oct 23 19:56:16 UTC 2015), 하드웨어 이름(x86_64), 운영 체제 이름(GNU/

Linux) 등이 포함된다. 이 값들은 옵션을 사용하여 개별적으로 출력할
수 있다.

유용한 옵션

-a   모든 정보를 출력한다.

-s   커널명만 출력한다(기본값).

-n   hostname 명령어처럼 호스트명만 출력한다.

-r   커널 릴리스만 출력한다.

-v   커널 버전만 출력한다.

-m   하드웨어 이름만 출력한다.

-p   프로세서 타입만 출력한다.

-i   하드웨어 플랫폼만 출력한다.

-o   운영 체제 이름만 출력한다.

---

hostname   **stdin stdout - file -- opt --help --version**

hostname [*options*] [*name*]

hostname 명령어는 컴퓨터 이름을 출력한다. 설정을 어떻게 했느냐에
따라 긴 이름이 나올 수도 있고

→ **hostname**
myhost.example.com

짧은 호스트명이 나올 수도 있다.

→ **hostname**
myhost

루트 권한으로 호스트명을 설정할 수도 있다.[30]

→ **sudo hostname orange**

하지만 호스트명과 네임 서버는 너무 복잡한 주제라 이 책의 범위를
넘어선다. 절대 무분별하게 호스트명을 설정하려고 하지 말자.

유용한 옵션

-i   호스트의 IP 주소를 출력한다.

-a   호스트의 별칭을 출력한다.

-s   호스트의 짧은 이름을 출력한다.

-f   호스트의 긴 이름을 출력한다.

-d   호스트의 DNS 도메인명을 출력한다.

-y   호스트의 NIS나 YP 도메인명을 출력한다.

-F *hostfile*   *hostfile* 파일을 읽어 들여 호스트명을 설정한다.

---

ip   stdin **stdout** - file -- opt --**help** --version

ip [*options*] *object command*...

ip 명령어는 컴퓨터 네트워크 인터페이스의 다양한 양상을 보여 주고
설정한다. 이 주제는 이 책의 범위를 넘어서고, 여기서는 몇 가지 기술
만 알려 줄 것이다.

→ **ip addr show eth0**
2: eth0: <BROADCAST,MULTICAST,UP,LOWER_UP>...
  link/ether 00:50:ba:48:4f:ba brd ff:ff:ff:...

---

30 이 변경은 재부팅하면 사라질 수도 있다. 어떤 리눅스 배포판은 추가 단계를 필요로 하는
데 예를 들어 호스트명을 설정 파일에 적는다거나 재부팅 때 읽어 들이게 해야 한다. 자
신이 쓰는 배포판 문서를 참고하라.

```
inet 192.168.0.21/24 brd 192.168.0.255 scope ...
inet6 fe80::21e:8cff:fe53:41e4/64 ...
```

MAC 주소(00:50:ba:49:4f:ba), IP 주소(192.168.0.21) 등 다양한 정보를 포함한다. 시스템에 로드된 모든 네트워크 인터페이스를 보려면 다음을 실행하라.

→ `ip addr show`

네트워크 정보를 보기 위한 다른 유용한 명령어들을 살펴보자.

`ip help`

이 명령어를 수행하는 데 필요한 모든 사용법 정보를 본다.

`ip addr`

네트워크 기기의 IP 주소를 본다.

`ip maddr`

네트워크 기기의 멀티캐스트 주소를 본다.

`ip link`

네트워크 기기의 속성들을 본다.

`ip route`

라우팅 테이블을 본다.

`ip monitor`

네트워크 기기의 모니터링을 시작한다. 멈추려면 ^C를 친다.

이 명령어들은 각각 다양한 옵션이 있다. 끝에 `help`를 추가해서 사용법을 볼 수 있다(예: `ip link help`). 추가로 `ip`는 슈퍼 사용자에 의해 실행되면 네트워크 기기 설정, 라우팅 테이블과 규칙 변경, 터널 생성

등 네트워크를 변경할 수 있다. 이 명령어는 iproute2라는 도구의 한 부분으로, 이 복잡한 명령어를 이해하려면 네트워크 경험이 필요할 것이다. ip 맨페이지를 보거나 *http://lartc.org*를 방문해 보라.

---

ifconfig   stdin **stdout** - file -- opt --help --version

ifconfig [*options*] *interface*

ifconfig 명령어는 ip의 전신이다. 여전히 많은 리눅스 시스템에 있지만 강력함이 좀 떨어진다(어떤 이들은 한물갔다고 한다). 간단한 몇 가지 명령을 선보이겠지만 ip를 대신 쓰는 게 좋다.

네트워크 인터페이스의 기본값에 대한 정보를 보자(대개는 eth0이라 부른다).

```
→ ifconfig eth0
eth0 Link encap:Ethernet HWaddr 00:50:BA:48:4F:BA
  inet addr:192.168.0.21 Bcast:192.168.0.255 ...
  UP BROADCAST RUNNING MULTICAST MTU:1500 ...
  RX packets:1955231 errors:0 dropped:0 overruns:0 ...
  TX packets:1314765 errors:0 dropped:0 overruns:0 ...
  collisions:0 txqueuelen:100
  ...
```

MAC 주소(00:50:BA:48:4F:BA), IP 주소(192.168.0.21), 넷마스크 (255.255.255.0) 등 다양한 정보를 포함한다. 설정된 모든 네트워크 인터페이스를 보려면 다음을 실행하라.

```
→ ifconfig -a
```

호스트 찾기

host   호스트명, IP 주소, DNS 정보를 찾는다.

whois   인터넷 도메인 등록인을 찾는다.

ping   원격 호스트가 접근 가능한지 확인한다.

traceroute   원격 호스트의 네트워크 경로를 확인한다.

원격 컴퓨터를 다룰 때 그 컴퓨터에 대한 더 많은 정보를 원할 때가 있다. 소유주는 누구인가? IP 주소는 무엇인가? 네트워크에서 위치는 어디인가?

---

host   stdin **stdout** - file -- **opt** --help --version

host [*options*] *name* [*server*]

host 명령어는 DNS 질의로 원격 컴퓨터의 호스트명이나 IP 주소를 찾는다.

```
→ host www.ubuntu.org
www.ubuntu.com has address 91.189.90.41
→ host 91.189.90.41
41.90.189.91.in-addr.arpa domain name pointer
  jujube.canonical.com.
```

좀 더 많은 정보도 찾아낼 수 있다.

```
→ host -a www.ubuntu.org
Trying "www.ubuntu.org"
;; ->>HEADER<<- opcode: QUERY, status: NOERROR ...
;; flags: qr rd ra; QUERY: 1, ANSWER: 1, ...

;; QUESTION SECTION:
;www.ubuntu.org.                    IN      ANY

;; ANSWER SECTION:
www.ubuntu.org.       60      IN      CNAME
ubuntu.org.
```

이 출력에 대한 모든 해설은 이 책의 범위를 넘어선다. 마지막으로, 선택 사항 'server' 인자는 질의(query)를 위해 특정 네임 서버를 명시한다.

```
→ host www.ubuntu.org ns2.dondominio.com
Using domain server:
Name: ns2.dondominio.com
Address: 93.93.67.2#53
Aliases:

www.ubuntu.org is an alias for ubuntu.org.
ubuntu.org has address 147.83.195.55
ubuntu.org mail is handled by 10 mx2.upc.es.
ubuntu.org mail is handled by 10 mx1.upc.es.
```

모든 옵션을 보려면 host를 입력하라.

유용한 옵션

-a   이용 가능한 정보 전체를 표시한다.

-t   A, AXFR, CNAME, HINFO, KEY, MX, NS, PTR, SIG, SOA
            등 네임 서버 질의의 타입을 선택한다.

-t 옵션을 MX 레코드에 이용한 예를 보자.

```
→ host -t MX redhat.com
redhat.com mail is handled by 5 mx1.redhat.com.
redhat.com mail is handled by 10 mx2.redhat.com.
```

host로 원하는 결과가 나오지 않으면, dig이라는 또 다른 강력한 DNS 조회 기능을 시도해 보라. 아마 nslookup이라는 명령어와도 마주치게 될 텐데 이것 역시 여전히 몇몇 리눅스 시스템에 잔존하긴 하지만 구시대 유물이라는 평가를 받고 있다.

---

whois   stdin **stdout** - file -- opt --**help** --**version**

whois [*options*] *domain_name*

whois 명령어는 인터넷 도메인 등록 정보를 찾아본다.

```
→ whois linuxmint.com
...
Domain name: LINUXMINT.COM
Registrar: TUCOWS DOMAINS INC.
...
 Administrative Contact:
    Lefebvre, Clement
...
 Technical Contact:
    Hostmaster, Servage
...
Creation Date: 07-jun-2006
Expiration Date: 07-jun-2016
...
```

추가로 도메인 등록 기관(registrar)으로부터의 면책(disclaimer) 메시지 같은 정보도 표시될 수 있다.

유용한 옵션

-h *registrar*   주어진 등록 기관 서버에 조회를 수행한다. 예:
                  whois -h whois.networksolutions.com yahoo.com

-p *port*   whois의 기본 43 포트 대신, 주어진 TCP 포트로 질의한다.

---

ping   stdin **stdout** - file -- **opt** --help --version

ping [*options*] *host*

ping 명령어는 원격 호스트에 도달 가능 여부를 알려 준다. 원격 호스트에 작은 패킷(정확히 말하면 ICMP 패킷)을 전송하고 응답을 기다린다.

```
→ ping google.com
PING google.com (74.125.226.144) from 192.168.0.10 :
56(84) bytes of data.
```

```
64 bytes from www.google.com (74.125.226.144):
  icmp_seq=0 ttl=49 time=32.390 msec
64 bytes from www.google.com (74.125.226.144):
  icmp_seq=1 ttl=49 time=24.208 msec
^C
--- google.com ping statistics ---
2 packets transmitted, 2 packets received,
 0% packet loss
round-trip min/avg/max/mdev =
 24.208/28.299/32.390/4.091 ms
```

유용한 옵션

-c *N*   최대 *N*번 핑을 보낸다.

-i *N*   핑 사이에 *N*초 기다린다(기본값은 1).

-n   호스트명 대신 IP 주소를 출력한다.

---

traceroute   stdin **stdout** - file -- **opt** --**help** --**version**

traceroute [*options*] *host* [*packet_length*]

traceroute 명령어는 자신의 로컬 호스트에서 원격 호스트까지의 네트워크 경로와 각 경로마다 소요된 시간을 출력한다.

→ **traceroute yahoo.com**
```
 1 server.mydomain.com (192.168.0.20) 1.397 ms ...
 2 10.221.16.1 (10.221.16.1) 15.397 ms ...
 3 router.example.com (92.242.140.21) 4.952 ms ...
...
...
16 p6.www.dcn.yahoo.com (216.109.118.69) * ...
```

경로에 있는 각 호스트는 프로브(probe) 세 개를 받고 반환 시간을 보고한다. 응답 없이 5초가 지나면 traceroute는 *를 출력한다. 또, 방화벽에 막힌다거나 여러 가지 이유로 인해 진행이 불가능할 때 다음과 같은 기호가 표시된다.

기호	의미
!F	분리 필요
!H	호스트 도달 불가능
!N	네트워크 도달 불가능
!P	프로토콜 도달 불가능
!S	소스 라우트 실패
!X	관리 사유로 통신 금지
!N	ICMP 도달 불가능 코드 N

패킷의 기본 크기는 40바이트인데 마지막 옵션인 *packet_length* 인자를 이용해 크기를 변경할 수 있다(예: traceroute myhost 120).

유용한 옵션

-n   숫자 모드. 호스트명 대신 IP 주소를 출력한다.

-w N 5초 타임아웃 시간을 N초로 변경한다.

네트워크 연결

ssh   보안 프로토콜을 이용해 원격 호스트에 로그인하거나 원격 호스트에서 명령어를 실행한다.

scp   보안 프로토콜을 이용해 원격 호스트와 파일을 주고받는다(일괄 처리)

sftp   보안 프로토콜을 이용해 원격 호스트와 파일을 주고받는다(대화형).

ftp   원격 호스트와 파일을 주고받는다(대화형, 안전하지 않음).

netcat   임의의 네트워크 연결을 생성한다.

리눅스에서는 한 머신으로부터 다른 원격 컴퓨터로 로그인하거나 파일을 전송하기 위한 네트워크 연결을 맺기가 매우 쉽다. 단지 보안 사항을 잘 지키기만 하자.

---

ssh

ssh [*options*] *host* [*command*]

ssh(secure shell, 보안 셸) 프로그램은 원격 컴퓨터에 계정이 있다면 보안 프로토콜을 이용해 로그인을 시켜 준다.

→ **ssh remote.example.com**

또는, 원격 컴퓨터에 로그인을 하면서 프로그램을 호출할 수도 있다.

→ **ssh remote.example.com who**

ssh는 사용자명과 비밀번호(원격 컴퓨터에 접근할 때 필요한)를 포함한 모든 데이터를 연결되어 있는 동안 암호화한다. SSH 프로토콜은 호스트 아이디와 공개 키를 이용한 방법 등 다양한 인증 방식을 제공한다. 더 자세한 내용은 man sshd를 참고하라.

유용한 옵션

-l *user*   원격 사용자명을 명시한다. 명시하지 않으면 ssh는 로컬 사용자명을 쓴다. 또는 *username@host* 같은 구문을 사용할 수도 있다: → **ssh smith@server.example.com**

-p *port*   기본 포트(22) 대신 *port* 번호를 사용한다.

-t   원격 시스템에 tty를 별도로 띄운다. 텍스트 편집기와 같은 대화형 인터페이스를 사용하여 원격 명령어를 수행할 때 유용하다.

–v 장황한 출력을 보여 준다. 디버깅에 유용하다.

---

scp

stdin **stdout** - file -- opt **--help** **--version**

scp *local_spec remote_spec*

scp(secure copy, 보안 복사) 명령어는 한 컴퓨터에서 다른 쪽으로 파일이나 디렉터리를 일괄적으로 복사한다(대화형 사용자 인터페이스는 sftp). 두 컴퓨터 간의 모든 통신을 암호화한다. 간단한 예로 scp는 로컬 파일을 원격 컴퓨터로 복사할 수 있다.

→ **scp myfile remote.example.com:newfile**

원격 컴퓨터에다가 디렉터리를 재귀적으로 복사한다.

→ **scp -r mydir remote.example.com:**

원격 파일을 로컬 머신으로 복사한다.

→ **scp remote.example.com:myfile .**

원격 디렉터리를 로컬 머신에 재귀적으로 복사한다.

→ **scp -r remote.example.com:mydir .**

원격 시스템의 사용자명을 지정하려면 *username@host* 구문을 사용한다.

→ **scp myfile smith@remote.example.com:**

유용한 옵션

–p 복사할 때 모든 파일을 속성(권한, 타임스태프 등)까지 복제한다.

-r　　　　디렉터리와 그 내용물을 재귀적으로 복사한다.

-v　　　　장황한 출력을 생성한다. 디버깅에 유용하다

---

sftp　　　　　　　　　　　　**stdin stdout - file -- opt --help --version**

sftp (*host username@host*)

sftp 프로그램은 보안 프로토콜을 이용해 두 컴퓨터 간에 파일을 대화형으로 복사한다(일괄적으로 파일을 복사하는 scp와 반대다). 사용자 인터페이스는 ftp와 매우 비슷하지만 ftp는 안전하지 않다.

```
→ sftp remote.example.com
Password: ********
sftp> cd MyFiles
sftp> ls
README
file1
file2
file3
sftp> get file2
Fetching /home/smith/MyFiles/file2 to file2
sftp> quit
```

원격 시스템의 사용자명이 로컬과 다르면 *username@host* 인자를 사용하라.

```
→ sftp smith@remote.example.com
```

명령어	의미
help	사용 가능한 명령어 목록을 표시한다.
ls	현재 원격 디렉터리의 파일을 열거한다.
lls	현재 로컬 디렉터리의 파일을 열거한다.
pwd	작업 중인 원격 디렉터리를 출력한다.

lpwd	작업 중인 로컬 디렉터리를 출력한다.
cd *dir*	원격 디렉터리를 *dir*로 변경한다.
lcd *dir*	로컬 디렉터리를 *dir*로 변경한다.
get *file1* [*file2*]	원격 *file1*을 로컬 머신에 복사한다. 두 번째 인자가 주어진 경우 이름을 *file2*로 변경한다.
put *file1* [*file2*]	로컬 *file1*을 원격 컴퓨터에 복사한다. 두 번째 인자가 주어진 경우 이름을 *file2*로 변경한다.
mget *file**	여러 개의 원격 파일을 와일드카드 *와 ?를 이용해 로컬 머신으로 복사한다.
mput *file**	여러 개의 로컬 파일을 와일드카드 *와 ?를 이용해 원격 컴퓨터로 복사한다.
quit	sftp를 종료한다.

ftp

stdin stdout - file -- opt --help --version

ftp [*options*] *host*

ftp(file transfer protocol)는 컴퓨터 간에 파일을 복사하는 유명한 프로그램이지만 안전하지는 않다. 사용자명과 비밀번호가 평문(plain text)으로 네트워크를 떠돌기 때문이다. 보안을 지원하려면 sftp를 대신 사용하라.

sftp에서 나열한 같은 명령어들이 ftp에서도 동작한다(하지만 두 프로그램은 차이가 있는 명령어도 각각 제공한다).

netcat

stdin stdout - file -- opt --help --version

netcat [*options*] [*destination*] [*port*]
nc [*options*] [*destination*] [*port*]

netcat과 동일한 nc는 네트워크 연결을 하기 위한 일반적인 목적을 가진 도구다. 디버깅, 네트워크 공부 등 많은 상황에서 접근이 쉽다. 예를 들어, netcat은 TCP 포트 22에 열린 로컬 SSH 서버와 같은 TCP와 UDP 서비스에 직접 접근할 수 있다.

```
→ netcat localhost 22
SSH-2.0-OpenSSH_6.9p1 Ubuntu-2ubuntu0.1
^C
```

이 기능은 특정 서비스가 작동 중인지 판단하기에 편리한데 /etc/services에 나열된 서비스 이름과도 작동한다. 예를 들어, 구글 웹 서비스(포트 80)에 접속할 수 있다.

```
→ netcat www.google.com http
xxx                              아무 값이나 입력하고 엔터 입력
HTTP/1.0 400 Bad Request
Content-Type: text/html; charset=UTF-8
Content-Length: 1555
Date: Fri, 04 Mar 2016 02:17:37 GMT
...
```

오래된 리눅스 사용자라면 임의의 TCP 포트를 연결하는 데 telnet을 사용하려 할 것이다. netcat이 훨씬 유연하다. 예컨대, 두 개의 셸을 이용해 각각 클라이언트와 서비스를 만들어 서로에게 알려 준 뒤 55555 포트로 서비스 대기를 시작한다.

```
→ netcat -l 55555
```

이제 다른 창에서 똑같은 포트와 통신하는 클라이언트를 실행하고 다음과 같이 메시지를 입력하라.

```
→ netcat localhost 55555
Hello world, how are you?
```

메시지가 서비스로 전송될 것이고 "Hello world, how are you?"와 뒤이어 입력하는 내용이 출력될 것이다.

유용한 옵션

-u   TCP 대신 UDP 연결을 맺는다.

-l   주어진 포트로 연결 대기한다.

-p *N*   *N*번 포트를 연결 포트로 사용한다.

-w *N*   *N*초 이후 연결을 종료(time out)한다.

-h   도움말을 보여 준다.

이메일

mutt   텍스트 기반 메일 클라이언트

mail   가장 작은 텍스트 기반 메일 클라이언트

mailq   시스템에서 보내는 메일을 순서대로 보여 준다.

리눅스에는 다수의 텍스트 기반 메일 클라이언트가 포함되어 있다. 그 중 목적과 성능이 다른 몇 가지를 살펴보겠다(리눅스에는 선더버드(Thunderbird), 에볼루션(Evolution), 케이메일(Kmail) 같은 그래픽 사용자 인터페이스 기반 이메일 클라이언트도 있다).

---

mutt   stdin stdout - file -- opt --help --version

mutt [*options*]

mutt은 텍스트 기반 이메일 소프트웨어로 일반적인 터미널(또는 터미널 창)에서 실행되며, 로컬 컴퓨터나 SSH로 연결한 원격 컴퓨터에서 모두 사용할 수 있다. 이 프로그램은 많은 명령어와 옵션이 있고 강력하다. 호출하려면 다음을 입력한다.

→ **mutt**

메인 화면이 나타나면 메일함의 메시지들이 한 줄에 하나씩 간략히 나
열되며 다음 명령어들을 이용할 수 있다.

입력 키	의미
위 화살표	이전 메시지로 이동한다.
아래 화살표	다음 메시지로 이동한다.
PageUp	한 페이지만큼 위로 올라간다.
PageDown	한 페이지만큼 아래로 내려간다.
Home	첫 번째 메시지로 이동한다.
End	마지막 메시지로 이동한다.
m	새 메시지를 작성한다. 이때 기본 텍스트 편집기를 호출한다. 메시지 작성 후 편집기를 나와서 y를 입력해 메시지를 보내거나 q로 연기할 수 있다.
r	현재 메시지에 답장한다. 동작은 m과 같다.
f	제3자에게 현재 메시지를 전달한다. 동작은 m과 같다.
I	메일함의 내용물을 본다.
C	다른 메일함으로 현재 메시지들을 복사한다.
d	현재 메시지를 삭제한다.

메시지를 작성하는 도중에 텍스트 편집기를 종료한 후 다음 명령어를
사용할 수 있다.

입력 키	의미
a	메시지에 파일을 첨부한다.
c	참조(CC) 목록을 설정한다.
b	숨은 참조(BCC) 목록을 설정한다.
e	메시지를 이어서 작성한다.

— Linux

r	받는 사람 필드를 수정한다.
s	제목을 수정한다.
y	메시지를 전송한다.
C	메시지를 파일에 복사한다.
q	메시지를 보내지 않고 연기한다.

다음 추가 명령어는 항상 이용할 수 있다.

입력 키	의미
?	모든 명령어 목록을 보여 준다(스페이스 바를 눌러 스크롤을 내리고 q를 눌러 종료한다).
^G	진행 중인 명령을 취소한다.
q	종료한다.

공식 사이트는 *http://www.mutt.org*다. 또 다른 리눅스용 명령행 메일 클라이언트로는 alpine(*https://www.washington.edu/alpine/*)이 있다.

---

mail

stdin stdout - file -- opt --help --version

mail [*options*] *recipient*

mail 프로그램은 빠르고 간단한 이메일 클라이언트다. 많은 사람들이 일상적으로 사용할 수 있는 더 강력한 프로그램을 원하지만 명령행이나 스크립트에서 빠르게 메시지를 보낼 수 있는 mail은 정말 편리하다.

빠른 메시지를 보내 보자.

```
→ mail smith@example.com
Subject: my subject
I'm typing a message.
```

212 리눅스 핵심 레퍼런스

```
To end it, I type a period by itself on a line.
.
Cc: jones@example.com
→
```

명령 한 번으로 빠른 메시지를 보내려면 파이프라인을 사용한다.

```
→ echo "Hey!" | mail -s "subject" smith@example.com
```

명령 한 번으로 파일을 메일로 보내려면 리다이렉션이나 파이프라인을 이용한다.

```
→ mail -s "my subject" smith@example.com < filename
→ cat filename \
  | mail -s "my subject" smith@example.com
```

이메일 메시지를 파이프라인 출력으로 얼마나 쉽게 보낼 수 있는지 주목하라. 이는 스크립트 안에서 유용하다.

유용한 옵션

-s *subject*   보내는 메시지의 제목을 설정한다.

-v   메일 전송에 관한 메시지를 출력한다.

-c *addresses*   주어진 주소에 참조로 메시지를 전송한다. 목록은 쉼표로 구분한다.

-b *addresses*   주어진 주소에 숨은 참조로 메시지를 전송한다. 목록은 쉼표로 구분한다.

---

mailq   stdin **stdout** - file -- opt --help --version

```
mailq
```

mailq 명령어는 전송 대기 중인 이메일이 있다면 메시지를 열거한다

(대개 메일 전송은 매우 빠르기 때문에 mailq는 거의 아무런 출력이 없다).

```
→ mailq
...Size-- ----Arrival Time--  -Sender/Recipient---
      333 Tue Jan 10 21:17:14 smith@example.com
                              jones@elsewhere.org
```

보내진 메일 메시지들은 */var/log/mail.log*(이름은 배포판마다 다를 수 있다) 같은 로그 파일에 기록된다. 가장 최근 메일이 전송된 활동을 보려면 마지막 몇 줄을 tail을 이용해서 보라.

```
→ tail /var/log/mail.log
```

메일 리더를 넘어서

단지 메일함을 보여 주고 메일을 주고받기만 하는 다른 플랫폼보다 리눅스에서 이메일 처리 과정은 더 '투명하게' 드러난다. 보내는 메시지를 mailq로 나열하는 능력은 단지 한 예일 뿐이다. 여러분의 호기심을 북돋울 만한 내용이 몇 가지 더 있다.

- 메일함들은 grep과 같은 명령행 도구로 처리할 수 있다. 메일 파일은 모두 평문이기 때문이다.
- fetchmail 명령어를 이용해 메일 서버에서 수동으로 메시지를 가져올 수 있다. 간단한 설정 파일을 이용해 이 명령어는 IMAP이나 POP 서버에 가서 메일을 일괄적으로 다운로드한다. man fetchmail을 보라.
- 여러분의 시스템에서 postfix나 sendmail 같은 메일 서버를 실행해 매우 복잡한 메일 전송 상황을 처리할 수 있다.
- procmail 명령어를 이용하면 세련된 방식으로 로컬 메일 전송을 제어할 수 있는데, 다른 임의의 프로그램을 통해 전송된 이메일 메

시지를 선별해서 보여 줄 수 있다. 자세한 정보는 man procmail을 보라.

- 리눅스에서는 정교하게 스팸을 걸러 낼 수 있다. 스팸어새신 (SpamAssassin)이라는 프로그램을 확인하라. 이 프로그램을 들어오는 이메일에 개인적으로 사용하거나 대규모 사용자를 위해 서버 수준에서 실행할 수도 있다.

한마디로 이메일은 메일 프로그램의 기능에 제한을 받지 않는다. 연구하고 탐구하라!

웹 브라우징

lynx   텍스트 전용 웹 브라우저
wget   웹 페이지와 파일을 다운로드한다.

크롬(Chrome)과 파이어폭스(Firefox) 같은 일반적인 웹 브라우저 외에도 리눅스는 명령행으로 웹을 여행할 수 있는 몇 가지 방법을 제공한다.

---

lynx   **stdin stdout - file -- opt --help --version**

lynx [*options*] [*URL*]

링크스(Lynx)는 최소한의 기능만 갖춘 텍스트 전용 웹 브라우저다. 사진을 보여 주거나 음악과 비디오를 재생하거나 마우스에 응답하거나 할 수 없다. 하지만 그저 페이지를 빠르게 살펴보거나 네트워크가 느리거나 HTML을 다운로드하려는 상황에서는 굉장히 유용하다. 특히 의심스러운 URL을 확인할 때 정말 좋은데, 링크스는 자바스크립트를 실행하지 않고, 사용자에게 먼저 묻지 않은 채 쿠키를 받지도 않는다.

→ `lynx http://www.yahoo.com`

모든 브라우징은 키보드로 수행한다. 제대로 보이지 않는 페이지가 많을 것이다. 특히 테이블이나 프레임을 광범위하게 사용한 경우일수록 더 그렇다. 하지만 대개 자신만의 방식으로 사이트를 둘러보는 방법을 찾을 수 있다.

입력 키	의미
?	도움말
k	모든 입력 키와 의미를 열거한다.
^G	진행 중인 명령을 취소한다.
q	링크스를 종료한다.
엔터	현재 링크를 클릭하거나 현재 폼(form) 필드 작성을 마친다.
왼쪽 화살표	이전 페이지로 돌아간다.
오른쪽 화살표	다음 페이지로 넘어가거나 현재 링크를 클릭한다.
g	URL로 이동한다(프롬프트가 주어질 것이고 URL 입력 후 엔터).
p	현재 페이지를 저장하거나 출력하거나 이메일로 보낸다.
스페이스 바	아래로 스크롤한다.
b	위로 스크롤한다.
아래 화살표	다음 링크나 다음 폼 필드로 이동한다.
위 화살표	이전 링크나 이전 폼 필드로 이동한다.
^A	페이지 최상단으로 이동한다.
^E	페이지 마지막으로 이동한다.
m	메인/홈 페이지로 복귀한다.
/	페이지에서 글자를 검색한다.
a	현재 페이지를 북마크한다.
v	모든 북마크 목록을 보여 준다.

=	현재 페이지와 링크의 속성을 보여 준다.
\	HTML 소스를 보여 준다(다시 누르면 일반 보기로 돌아온다).

링크스의 명령행 옵션은 100개가 넘어서 맨페이지가 매우 중요하다. 텍스트 기반 브라우징이 좋지만 링크스가 취향에 맞지 않는다면, 비슷한 프로그램인 w3m, links, elinks를 시도해 보라.

유용한 옵션

-dump   표시된(rendered) 페이지를 표준 출력으로 출력하고 종료한다(-source 옵션과 비교).

-source   HTML 소스를 표준 출력으로 출력하고 종료한다 (wget 명령어와 비교).

-emacskeys 키 입력 방식을 이맥스 편집기와 비슷하게 만든다.

-vikeys   키 입력 방식을 빔(또는 vi) 편집기와 비슷하게 만든다.

-homepage=*URL* 홈페이지 주소를 *URL*로 설정한다.

-color   텍스트 색을 켠다.

-nocolor 텍스트 색을 끈다.

---

wget   stdin stdout - file -- opt --help --version

wget [*options*] *URL*

wget 명령어는 URL에 접속해서 데이터를 파일로 다운로드하거나 표준 출력으로 내보낸다. 웹 페이지를 개인적으로 캡처하거나 파일을 다운로드하거나 전체 웹 사이트를 일정 부분까지 복사하고자 할 때 매우 유용하다. 예를 들어 야후 홈페이지를 캡처해 보자.

```
→ wget http://www.yahoo.com
23:19:51 (220.84 KB/s) - 'index.html' saved [31434]
```

현재 디렉터리에 *index.html* 파일로 저장된다. wget에는 네트워크 오류로 인해 중간에 방해가 일어난 경우 이어받기 기능이 추가되어 있다. 같은 URL을 wget -c 옵션을 추가하여 실행하면 된다.

아마 wget의 가장 유용한 기능은 웹 브라우저 없이 파일을 다운로드하는 기능일 것이다.

```
→ wget http://linuxpocketguide.com/sample.pdf
```

비디오나 ISO 이미지처럼 큰 파일을 대상으로 매우 좋다. 심지어 이름만 알고 있으면 파일들을 다운로드하기 위한 셸 스크립트를 작성해서 사용할 수도 있다.

```
→ for i in 1 2 3
do
  wget http://example.com/$i.mpeg
done
```

비슷한 명령어로 curl이 있는데, wget과 달리 표준 출력으로 쓰기가 기본 동작이어서 기본으로 원래 페이지와 파일명을 복사한다.

```
→ curl http://www.yahoo.com > mypage.html
```

wget은 70개가 넘는 옵션이 있는데 몇 가지 중요한 것만 살펴보자 (curl은 옵션이 다른데 맨페이지를 참고하라).

유용한 옵션

-i *filename*   주어진 파일로부터 URL을 읽고 결과를 가져온다.

-O *filename*   캡처한 파일을 주어진 파일에 쓴다. 한 페이지가

다른 페이지 뒤에 추가된다.

-c 이어받기 모드. 이전에 수행 중이던 가져오기가 결과 파일의 일부분만 남기고 중간에 끊긴 경우 못 받은 부분을 가져온다. 다시 말해 wget이 150K 파일 중 100K만 다운로드했다면, -c 옵션으로 남은 50K만 받아서 기존 파일에 덧붙인다는 뜻이다. wget은 먼저 받아 남아 있는 파일이, 원격에서 변경됐는지 구별할 수 없기 때문에 원격 파일이 변경되지 않았다는 것을 알고 있을 때만 이 옵션을 사용하라.

-t *N* *N*번 시도하고 안 되면 포기한다. *N*=0은 계속 시도를 의미한다.

--progress=dot 다운로드 진행을 점으로 보여 준다.

--progress=bar 다운로드 진행을 막대로 보여 준다.

--spider 다운로드하지 않고 단지 원격 페이지 존재 여부만 확인한다.

-nd 원격 디렉터리 구조를 복제하지 않고 모든 파일을 현재 디렉터리로 가져온다(기본적으로 wget은 원격 디렉터리 구조를 그대로 복사한다).

-r 하위 디렉터리를 포함하여 페이지의 계층을 재귀적으로 가져온다.

-l *N* 최고 *N*레벨 깊이로 파일을 가져온다(기본값 5).

-k 파일을 가져온 후 로컬에서 웹 브라우저로 볼 수 있도록 URL을 수정한다.

-p 페이지를 완전히 볼 수 있도록 스타일시트와 이미지 등 필요한 파일을 전부 다운로드한다.

–L	절대 링크가 아니라 상대 링크를 따른다(페이지 안에서).
–A *pattern*	수용 모드. 주어진 패턴에 맞는 이름을 가진 파일들을 다운로드한다. 셸과 같은 와일드카드를 포함할 수 있다.
–R *pattern*	거절 모드. 주어진 패턴에 맞지 않는 이름을 가진 파일들만 다운로드한다.
–I *pattern*	디렉터리 포함. 주어진 패턴에 맞는 디렉터리에서만 파일을 다운로드한다.
–X *pattern*	디렉터리 제외. 주어진 패턴에 맞지 않는 디렉터리에서만 파일을 다운로드한다.

인스턴트 메시징

write	터미널로 메시지를 보낸다.
mesg	write를 제어한다.
tty	터미널 기기명을 출력한다.
sendxmpp	XMPP(재버)를 통해 인스턴트 메시지를 보낸다.[31]
profanity	텍스트 기반 XMPP 클라이언트
irssi	텍스트 기반 IRC 클라이언트

리눅스는 두 가지 형태의 인스턴트 메시징을 제공한다. 첫 번째는 같은 리눅스 컴퓨터를 사용하는 사용자끼리 사용할 수 있는 아주 오래된 명령어인 write를 이용하는 방법이다. 두 번째는 최근 인스턴트 메시징 방식으로, sendxmpp 같은 명령어를 사용하는 것이다. 두 번째의 경

---

31 (옮긴이) XMPP(Extensible Messaging and Presence Protocol)는 메시지 지향 미들웨어용 통신 프로토콜이다. 이 프로토콜의 원래 이름은 재버(Jabber)였다.

우, pidgin(*http://www.pidgin.im*) 같은 그래픽 사용자 인터페이스 인스턴트 메시징 프로그램을 사용하는 것이 좀 더 일반적이지만, 데스크톱 환경이 아닐 경우에는 명령행 도구가 유용하다.

---

write
stdin stdout - file -- opt --help --version

write *user* [*tty*]

write 프로그램은 같은 리눅스 머신에 로그인한 사용자가 다른 사용자에게 텍스트를 전송하는 프로그램이다.

→ **write smith**
Hi, how are you?
See you later.
^D

^D는 연결을 종료한다. write는 하나의 메시지를 보낼 때 파이프라인을 사용하면 유용하다.

→ **echo 'Howdy!' | write smith**

연관된 명령어 wall은 로그인된 모든 사용자에게 한 번에 메시지를 보낸다.

→ **wall The system will reboot in 1 hour**

---

mesg
stdin stdout - file -- opt --help --version

mesg [y|n]

mesg 프로그램은 write 연결을 터미널에서 사용할 것인지 아닌지 결정한다. mesg y는 허용하고, mesg n은 거부하며, mesg는 현재 상태를 출력한다(y 또는 n). y가 기본값이다. mesg는 현대적인 인스턴트 메시징 프로그램에는 영향을 끼치지 않는다.

```
→ mesg
is y
→ mesg n
→ mesg
is n
```

---

tty   stdin stdout - file -- opt --help --version

```
tty
```

tty 프로그램은 현재 셸과 연관된 터미널 장치의 이름을 출력한다(여러 번 로그인한 사용자에게 write로 메시지를 보낼 때 이 정보가 필요할 것이다).

```
→ tty
/dev/pts/4
```

---

sendxmpp   stdin stdout - file -- opt --help --version

```
sendxmpp [options] recipients
```

sendxmpp 명령어는 XMPP를 이용하여 대화형 메시지를 보내는 빠른 방법을 제공한다. 짧은 단일 메시지를 보낼 때 매우 편리하다. 예를 들어 간단히 '안녕'이라고 하거나 텍스트 파일을 보내거나 응답을 받지 않아도 되는 상황 등에 쓰인다.

재버 사용자명과 비밀번호가 먼저 필요한데, 웹에 있는 재버 서버에서 등록하면 된다. *http://www.jabber.org*에서 재버 서버 목록을 볼 수 있다. 등록하면 홈 디렉터리의 *~/.sendxmpp* 파일에 사용자명과 비밀번호를 설정한다. sendxmpp 버전이 다르면 파일 포맷도 달라진다. 사

용자명이 smith이고, 재버 서버는 jabber.example.com이며 비밀번호
가 wQVY6LC/8pCH라면, 예전 파일 포맷은 다음과 같다.

```
smith@jabber.example.com  wQVY6LC/8pCH
```

최근 포맷은 다음과 같이 표현한다.

```
username: smith
jserver: jabber.example.com
password: wQVY6LC/8pCH
```

설정이 완료된 후 이제 친구에게 재버를 이용해 메시지를 보낼 수
있다.

→ **echo "Hello world" | sendxmpp** *user@host*

많은 재버 서버가 보안 연결을 사용하므로 아마도 –t(TLS 연결) 옵션
이나 –e(SSL 연결) 옵션이 필요할 수 있다. 다음은 TLS 연결을 이용해
텍스트 파일의 내용을 보안 전송하는 예다.

→ **sendxmpp –t** *user@host* **< message.txt**

유용한 옵션

–t	TLS를 이용한 보안 연결
–e	SSL을 이용한 보안 연결
–s *text*	메시지를 제목과 함께 전송한다.
–v	디버깅 정보를 출력한다. 연결이 실패한 경우 유용하다.

---

profanity　　　　　　　　**stdin stdout** - **file** -- **opt** --**help** --**version**

profanity [*options*]

profanity 명령어는 거의 모든 기능을 갖춘 XMPP용 인스턴트 메시징 클라이언트다. 그래픽 사용자 인터페이스 클라이언트와는 다르게 profanity는 셸 창에서 실행되므로 SSH와 함께 사용할 수 있다.

   sendxmpp의 경우와 마찬가지로 재버 사용자명과 비밀번호가 필요하다.

→ **profanity -a** *user@host*

profanity를 실행하면 항상 슬래시(/)로 시작하는 프롬프트가 명령을 기다리며 나타날 것이다. 예를 들어 친구에게 메시지를 보낼 텍스트 기반의 '창'(window)을 열고 엔터를 친다.

/msg friend@jabber.example.com

그리고 나서 해당 사용자에게 메시지를 작성하고 엔터를 친다.

/msg Hi there!

몇 가지 명령어

/help	사용 가능한 모든 명령어의 도움말을 보여 준다.
/connect *you@host*	로그인한다.
/msg *user@host*	*user@host*와 대화하기 위한 메시지 창을 연다.
/msg *text*	현재 메시지 창의 내용을 보낸다.
/close	현재 메시지 창을 닫는다.
/wins	현재 메시지 창 목록을 보여 준다.
F1-F10	메시지 창 1에서 10 사이를 전환한다(SSH 환경에서는 동작하지 않음).
/disconnect	로그아웃한다.
/quit	종료한다.

irssi
stdin stdout - **file** -- **opt** --**help** --**version**

irssi [*options*]

irssi 명령어는 거의 모든 기능을 갖춘 IRC(Internet Relay Chat) 클라이언트이며 텍스트 기반으로 셸 창에서 실행된다. IRC를 이용한 채팅을 다 설명하는 것은 이 책의 범위를 넘는다. 추가 정보는 *https://irssi.org*와 *http://irchelp.org*를 보라. 시작하려면 다음과 같이 한다.

→ **irssi**

irssi를 실행하면 뭔가 입력할 수 있는 프롬프트가 나타난다. 슬래시로 시작하는 명령어 또는 여러분의 IRC 채널에 연결된 다른 모든 사람에게 보낼 메시지를 입력할 수 있다.

```
→ irssi
[[status]] /connect irc.example.com
... Irssi: Connection to irc.example.com established
[[status]] /nick zippy
You're now known as zippy
[[status]] /join test
Irssi: Join to #test was synced in 0 secs <zerbina> Hi there, zippy!
<fuelrod> Welcome back!
[#test] Are we having fun yet?
<zippy> Are we having fun yet?
<fuelrod> Totally!
<zerbina> Yow!
[#test] /quit
```

몇 가지 명령어

/help	사용 가능한 명령어들을 나열한다. 한 명령어의 도움말을 보려면, /help /*command*를 친다. 예를 들면 /help /join과 같이 사용할 수 있다.
/connect *server*	IRC 서버에 연결한다.

인스턴트 메시징　**225**

/nick *name*	IRC 닉네임을 설정한다.
/join *channel*	주어진 IRC 채널에 참여한다.
/names	현재 채널에 접속한 사용자를 열거한다.
/disconnect	IRC 서버로부터 연결을 해제한다.
/quit	종료한다.

화면 출력

echo	표준 출력으로 간단한 텍스트를 출력한다.
printf	표준 출력으로 형식이 있는 텍스트를 출력한다.
yes	표준 출력으로 반복된 텍스트를 출력한다.
seq	표준 출력으로 숫자의 시퀀스를 출력한다.
clear	화면 또는 창을 정리한다.

리눅스는 echo처럼 표준 출력으로 메시지를 출력하는 명령어를 몇 가지 제공한다.

→ **echo hello world**
hello world

각 명령어는 서로 다른 강점과 용도가 있다. 이러한 명령어는 리눅스를 공부할 때나 디버깅할 때나 셸 스크립트를 작성할 때 매우 유용하다(261쪽, '셸 스크립트 프로그래밍' 참고).

---

echo　　　　　　　　stdin **stdout** - file -- opt --help --version

echo [*options*] *strings*

echo는 인자를 출력하는 단순한 명령어다.

→ **echo We are having fun**
```
We are having fun
```

헷갈리게도 조금 다른 동작을 하는 몇 가지 echo 명령어가 있다. /bin/
echo도 있는데 일반적으로 리눅스 셸이 echo라는 내장 명령어로 이를
덮어씌운다. 어떤 echo를 사용하는지 알고 싶다면 다음을 실행하자.

→ **type echo**
```
echo is a shell builtin
```

유용한 옵션

-n	마지막 줄 바꿈 문자는 출력하지 않는다.
-e	이스케이프 문자를 인식하고 해석한다. 예를 들어 echo 'hello \a'와 echo -e 'hello\a'를 시도해 보자. 전자는 문자 그대로 출력하지만 후자는 삐 소리를 낼 것이다.
-E	이스케이프 문자를 해석하지 않는다. -e의 반대다.

사용 가능한 이스케이프 문자들은 다음과 같다.

\a	경보(삐 소리를 냄)
\b	백스페이스
\c	마지막 줄 바꿈 문자를 출력하지 않는다(-n과 동일한 효과)
\f	커서를 다음 페이지로 넘긴다.
\n	줄 바꿈(새로운 문단)
\r	캐리지 리턴
\t	수평 탭
\v	수직 탭
\\	역슬래시

\'	작은따옴표
\"	큰따옴표
\nnn	아스키 값이 팔진법 nnn인 문자

---

printf   stdin **stdout** · file -- opt --help --version

printf *format_string* [*arguments*]

printf 명령어는 향상된 echo다. 표준 출력으로 포맷된 문자를 출력한
다. C 프로그래밍 언어의 기능인 printf()와 어느 정도 비슷한 작용을
한다. printf()는 포맷된 문자를 인자 순서에 적용하여 특정한 출력을
생성한다. 예를 들면 다음과 같다.

→ **printf "User %s is %d years old.\n" sandy 29**
User sandy is 29 years old.

첫 번째 인자는 형식 문자열이다. 앞의 예에서는 두 개의 형식 지정자
%s와 %d를 포함하고 있다. 그다음 인자 sandy와 29는 printf에 의해
형식 문자열로 치환된 후 출력된다. 형식 지정자는 부동소수점을 다룰
수도 있다.

→ **printf "That\'ll be $%0.2f, sir.\n" 3**
That'll be $3.00, sir.

리눅스에는 두 가지 printf 명령어가 있다. 하나는 배시에 내장되어
있고 또 다른 하나는 */usr/bin/printf*다. 배시 내장 버전에서만 지원하는
%q 하나를 제외하고는 이 두 명령어는 같다. %q는 이스케이프 기호(\)
를 출력하므로 그 출력을 셸 입력으로 안전하게 사용할 수 있다. 차이
점을 주목해서 보자.

→ **printf "This is a quote: %s\n" "\""**

```
This is a quote: "
→ printf "This is a quote: %q\n" "\""
This is a quote: \"
```

형식 지정자(%) 개수와 printf에 채워진 인자 개수가 같도록 하는 것은 사용자의 의무다. 인자 수가 너무 많으면 남는 것들은 무시되고 인자 수가 너무 적으면 숫자 형식은 0으로, 문자 형식은 공백으로 처리된다. printf가 예외 상황을 자동으로 처리한다 하더라도 이런 실수들은 반드시 에러로 처리해야 한다. 이런 것들이 셸 스크립트에 숨어 있으면 언젠가 일어날 버그가 된다.

형식 지정자는 C 함수 printf 맨페이지(man 3 printf)에서 좀 더 자세하게 볼 수 있다. 여기 몇 가지 유용한 것들이 있다.

%d	십진수 정수
%ld	long 타입 십진수 정수
%o	팔진수 정수
%x	십육진수 정수
%f	부동소수점
%lf	배정도 부동소수점
%c	문자
%s	문자열
%q	이스케이프된 글자를 포함한 문자열
%%	기호 자신을 나타낸다.

퍼센트 기호 바로 뒤에 출력의 최소 너비 표현식을 삽입할 수 있다. 예를 들어 %5d는 다섯 글자 너비로 십진법 숫자를 출력하라는 뜻이고, %6.2f는 소수점 앞 여섯 글자와 소수점 두 번째 자리까지 출력하라는 뜻이다. 몇 가지 유용한 숫자 표현식은 다음과 같다.

n	최소 길이 *n*
0n	최소 길이 *n*이고 앞에 0을 붙인다.
n.m	최소 길이 *n*과 소수점 이하 자릿수 *m*

printf는 \n(줄 바꿈)과 \a(경고음) 같은 이스케이프 문자도 해석한다. 전체 목록을 보려면 echo 명령어를 참고하자.

---

yes   stdin **stdout** · file -- opt --**help** --**version**

yes [*string*]

yes 명령어는 주어진 문자(또는 기본값인 'y')를 한 줄에 한 문자씩 계속해서 출력한다.

→ **yes again**
again
again
again
…

얼핏 보기에는 쓸모없어 보일지 몰라도 yes는 대화형 명령어를 일괄 처리 명령어로 변환하는 데 탁월하다. 'Are you SURE you want to do that?'이라는 성가신 메시지에서 벗어나고 싶다면 yes의 출력을 해당 명령어의 입력으로 연결하여 모든 프롬프트에 대답하게 하자.

→ **yes | *my_interactive_command***

*my_interactive_command*가 종료될 때 yes도 종료될 것이다.

---

seq   stdin **stdout** · file -- opt --**help** --**version**

seq [*options*] *specification*

seq 명령어는 다른 프로그램에 연결하기에 적절한 정수 또는 실수를
연속으로 출력한다. 세 가지 지정 인자가 있다.

숫자 하나: 상한치

1에서 시작하여 해당 숫자까지 센다.

```
→ seq 3
1
2
3
```

숫자 두 개: 하한치와 상한치

첫 번째 숫자에서 시작하여 두 번째 숫자를 지나기 전까지 센다.

```
→ seq 2 5
2
3
4
5
```

숫자 세 개: 하한치, 증가량, 상한치

첫 번째 숫자에서 시작하여 두 번째 숫자만큼 증가하고 세 번째 숫
자(또는 직전)에 도달하면 멈춘다.

```
→ seq 1 .3 2
1
1.3
1.6
1.9
```

음수를 사용하여 뒤로 갈 수도 있다.

```
→ seq 5 -1 2
5
4
3
2
```

— Linux

유용한 옵션

-w   모든 줄의 폭이 동일해야 할 때 남는 자리에 0을 채운다.

```
→ seq -w 8 10
08
09
10
```

-f *format*   출력 줄의 형태를 printf와 비슷한 형식 문자열로 한다. %g(기본값), %e, %f를 반드시 포함해야 한다.

```
→ seq -f '**%g**' 3
**1**
**2**
**3**
```

-s *string*   주어진 문자를 숫자 간 구분을 위해 사용한다. 기본값으로 새로운 줄이 출력된다(예를 들어, 한 숫자당 한 줄).

```
→ seq -s ':' 10
1:2:3:4:5:6:7:8:9:10
```

---

clear   stdin **stdout** - file -- opt --help --version

```
clear
```

사용자의 화면 또는 셸 창을 정리하는 단순한 명령어다.

복사와 붙이기

xclip   셸에서 클립보드로, 클립보드에서 셸로 내용을 복사하고 붙인다.

xsel   클립보드의 내용을 읽거나 클립보드에 내용을 쓴다.

리눅스에는 그래픽 사용자 인터페이스 프로그램 간에 복사와 붙이기를 위한 클립보드가 있다. 실제로 리눅스는 실렉션(selection)이라는 서로 다른 세 가지 클립보드가 있다. 명령행에서 실렉션에 접근하여 셸 명령어의 출력을 실렉션으로 보내거나 실렉션을 표준 입력처럼 읽을 수도 있다. 이러한 명령어는 GNOME이나 KDE처럼 그래픽 환경에서 실행할 때만 실행되며, 그렇지 않으면 실렉션은 존재하지 않는다.

---

xclip

stdin stdout - file -- opt -help -version

```
xclip [options]
```

xclip은 세 개의 리눅스 실렉션(클립보드)을 읽고 작성하여, 사용자가 셸과 그래픽 사용자 인터페이스 애플리케이션 사이에서 텍스트를 복사하고 붙일 수 있게 해 준다. 실행해 보려면 마우스를 사용하여 텍스트를 선택하고(터미널 창에서 낱말을 더블 클릭한다든가) 복사한 후 다음을 실행하자.

→ **xclip -o**

복사한 텍스트가 표준 출력으로 출력될 것이다. 또 다른 예로는, 파일의 내용을 클립보드로 복사한 후 그 클립보드의 내용을 출력하는 것이다.

```
→ cat poem                              파일을 보여 준다.
Once upon a time, there was
a little operating system named
Linux, which everybody loved.
→ cat poem | xclip -i                   파일을 실렉션으로 보낸다.
→ xclip -o                              실렉션을 출력한다.
Once upon a time, there was
a little operating system named
Linux, which everybody loved.
```

xclip의 모든 명령행 옵션은 -help와 -version까지도 하나의 대시를
사용한다.

유용한 옵션

-selection *name*   이름으로 실렉션을 선택한다. 이름에는 primary,
secondary, clipboard가 있다. 기본값은 primary
다. 내 터미널 창에서 마우스 가운데 버튼은
primary로부터 내용을 붙여 넣고 오른쪽 버튼은
붙여 넣을 때 clipboard를 사용한다.

-i   실렉션의 내용물을 표준 입력으로부터 읽어 들
인다. 이 옵션은 생략해도 무방하다.

-o   실렉션의 내용물을 표준 출력에 쓴다.

---

xsel   **stdin stdout - file -- opt --help --version**

xsel [*options*]

xsel은 좀 더 강력한 버전의 xclip이다. 세 개의 실렉션(클립보드)을
읽고 쓰는 것 외에도 내용을 덧붙이고 교체하고 없앨 수도 있다.

```
→ echo Hello | xsel -i
→ xsel -o
Hello
→ echo World | xsel -a          덧붙인다.
→ xsel -o
Hello
World
```

유용한 옵션

-p   primary 실렉션을 사용한다(기본값).

-s   secondary 실렉션을 사용한다.

-b   clipboard 실렉션을 사용한다.

-i   표준 입력으로부터 실렉션 내용을 읽어 들인다(기본 동작).

-a   실렉션에 덧붙인다.

-o   실렉션의 내용을 표준 출력에 쓴다.

-c   실렉션의 내용을 지운다.

-x   primary와 secondary 실렉션의 내용을 서로 바꾼다.

수학과 계산

expr   명령행에서 간단한 계산을 한다.

bc   텍스트 기반 계산기

dc   텍스트 기반 RPN(reverse Polish notation: 연산자를 연산 대상 뒤에 쓰는 표기법) 계산기

계산기가 필요한가? 리눅스는 명령행에서 수학 계산을 하는 프로그램을 제공한다.

---

expr   stdin **stdout** - file -- opt **--help --version**

expr *expression*

expr 명령어는 명령행에서 간단한 수학(그 외 다른 표현식의 계산)을 한다.

```
→ expr 7 + 3
10
→ expr '(' 7 + 3 ')' '*' 14          셸 글자는 따옴표로 처리한다.
140
→ expr length ABCDEFG
7
```

```
→ expr 15 '>' 16
0                              거짓(false)을 의미한다.
```

각 요소는 공백 문자로 구분해야 한다. 셸에서 특별한 의미가 있는 문
자는 반드시 따옴표 처리 또는 이스케이프를 해야 한다. 괄호는 그룹
으로 묶을 때 사용할 수 있다. expr의 연산자는 다음과 같다.

연산자	수식 연산	문자열 연산
+, -, *, /	더하기, 빼기, 곱하기, 나누기	
%	나머지	
<	미만	사전 순으로 앞
<=	이하	사전 순으로 앞이거나 같음
>	초과	사전 순으로 뒤
>=	이상	사전 순으로 뒤거나 같음
=	같음	같음
!=	같지 않음	같지 않음
|	불(boolean) 'or'	불 'or'
&	불 'and'	불 'and'
s :regexp		정규 표현식 regexp가 문자열 s에 일치하는가?
substr s p n		문자열 s 중 p 위치부터 n개의 문자를 출력한다(p=1은 첫 번째 문자를 뜻한다).
index s chars		문자열 s에서 chars 문자가 포함된 첫 번째 위치를 리턴한다. 그런 글자가 없으면 0을 반환한다. C 함수 index()와 동작이 같다.

불(boolean) 표현식에서 숫자 0과 비어 있는 문자열은 거짓(false), 그
외 다른 값들은 참(true)이라 여긴다. 불 결과로 0은 거짓, 1은 참이다.

bc

bc [*options*] [*files*]

bc는 한 줄당 하나씩 산술 표현식을 읽고 결과를 출력하는 텍스트 기반 계산기다. 다른 계산기들과는 다르게 bc는 숫자 크기와 소수점 자리 제한을 받지 않고 계산할 수 있다.

```
→ bc
1+2+3+4+5
15
scale=2
(1 + 2 * 3 / 4) - 5
-2.50
2^100
1267650600228229401496703205376
^D
```

프로그래머들은 때로 이진, 팔진 또는 그 외의 진법으로도 계산 또는 연산을 해야만 할 때가 있다.

```
→ bc
obase=2          결과를 이진수로 표시한다.
999
1111100111
obase=16         결과를 십육진수로 표시한다.
999
3E7
```

하지만 이게 다가 아니다. bc는 프로그래밍이 가능한 계산기로 사용자가 자신만의 함수를 정의할 수 있다. 다음은 이차 방정식을 구현하고 *quadratic.txt*이라는 파일에 저장된 주어진 방정식의 실근을 출력하는 예다.[32]

---

[32] 근이 허수라면 이 코드는 실패할 것이다.

```
→ cat quadratic.txt
scale=2
define quadform ( a, b, c ) {
 root1 = (-b + sqrt(b^2 - 4*a*c)) / (2*a)
 root2 = (-b - sqrt(b^2 - 4*a*c)) / (2*a)
 print root1, " ", root2, "\n"
}

quadform(1, 7, 12)
```
$x^2 + 7x + 12 = 0$ 방정식을 푼다.

파일을 bc로 리다이렉트해서 결과를 확인한다.

```
→ bc < quadratic.txt
     -3.00 -4.00
```

이렇듯 강력한 기능들을 통해 bc는 연산(arithmetic)을 위한 프로그래밍 언어가 됐다. 변수에 값을 지정할 수 있고 배열을 조작할 수 있으며 반복문(loop)과 조건부 수식을 실행할 수 있고 심지어는 사용자에게 값을 유도하고 수학 연산의 모든 수순을 실행하는 스크립트를 작성할 수도 있다. 자세한 정보는 맨페이지를 참고하자.

유용한 수학 연산

+, -, *, /	더하기, 빼기, 곱하기, 나누기. 나누기의 결과는 현재 값의 나머지를 절삭하여 표현한다(나머지 부분은 다음을 참고하자).
%	나머지(절댓값)
^	거듭제곱. 10^5는 '10의 5제곱'과 같다.
sqrt(N)	N의 제곱근
ibase=N	모든 입력 숫자의 밑을 N으로 한다.
obase=N	모든 출력 숫자의 밑을 N으로 한다.
scale=N	소수점 뒤 유효 자릿수를 N으로 설정한다.
(...)	그루핑 괄호(실행 순서를 변경)

name=value   값을 변수 *name*에 할당한다.

---

dc   **stdin stdout - file -- opt --help --version**

dc [*options*] [*files*]

dc(desk calculator) 명령어는 표준 입력에서 수식을 읽고 결과를 표준
출력으로 작성하는 스택 기반 계산기이며 RPN을 사용한다. HP RPN
계산기를 사용할 줄 알고 그 구문 형식을 이해하기만 하면 dc는 사용
하기 쉽다. 하지만 일반적인 계산기에 익숙하다면 dc를 사용하기가 다
소 어려울 것이다. 이 책에서는 기본적인 명령어만 다루겠다.

  스택과 계산기 작동은 다음과 같다.

q   dc를 끝낸다.

f   전체 스택을 출력한다.

c   전체 스택을 삭제한다.

p   스택의 최상위 값을 출력한다.

P   스택의 최상위 값을 제거한다.

n k   향후 연산의 정밀도를 소수점 이하 *n*자리로 설정한다
             (기본값은 0이고 정수 연산을 의미한다).

스택의 위에서 상위 두 개 값을 제거(pop)하기 위해 요청된 연산을 실
행하고 결과를 푸시하자.

+, -, *, /   더하기, 빼기, 곱하기, 나누기

%   나머지(절댓값)

^   거듭제곱(두 번째 값이 밑 값이고 제일 위의 값이 지수)

스택의 최상위 값을 제거하기 위해 요청된 연산을 실행하고 결과를 푸
시하자.

v   제곱근

예는 다음과 같다.

```
→ dc
4 5 + p                      4와 5의 합을 출력한다.
9
2 3 ^ p                      2의 세제곱을 출력한다.
8
10 * p                       상위 값에 10을 곱해 그 결과를 출력한다.
80
f                            스택 내용을 출력한다.
80
9
+p                           상위 두 개의 값을 제거(pop)한 후 그 합을 출력한다.
89
```

날짜와 시간

cal   달력을 출력한다.

date   날짜와 시간을 출력하거나 설정한다.

ntpdate   원격 타임 서버를 사용하여 시스템 시간을 설정한다.

   정확한 날짜와 시간을 설정할 필요가 있다면, 이러한 프로그램들을 사용하여 시스템의 날짜와 시간을 설정하고 나타내는 데 사용하자.

---

cal   stdin **stdout** - file -- opt --help --version

cal [*options*] [*month* [*year*]]

cal 명령어는 달력(기본값은 이달)을 출력한다.

```
→ cal
November 2015
Su Mo Tu We Th Fr Sa
 1  2  3  4  5  6  7
```

```
 8  9 10 11 12 13 14
15 16 17 18 19 20 21
22 23 24 25 26 27 28
29 30
```

다른 달력을 출력하려면 네 자리 연도와 달을 입력하라: cal 8 2016 달을 생략하면(cal 2016) 1년 전체가 출력된다.

유용한 옵션

-y   올해 달력을 출력한다.

-3   지난달과 다음 달을 포함한 3개월을 보여 준다.

-j   연중 해당 일의 날수. 즉 2월 1일은 32, 2월 2일은 33 이다.

---

date   stdin stdout - file -- opt --help --version

date [*options*] [*format*]

date 명령어는 날짜와 시간을 출력한다. 사용자의 지역 세팅(국가와 언어)에 따라 결과는 달라진다. 여기에서는 영어와 미국을 기반으로 하겠다.

기본값으로 date는 현지 표준 시간대의 시스템 시간과 날짜를 출력한다.

→ **date**
Fri Mar 18 22:32:04 EDT 2016

사용자는 더하기 기호로 시작하는 문자열을 통해 출력을 다르게 포맷할 수 있다.

→ **date '+%D'**
03/18/16

→ **date '+The time is %l:%M %p on a lovely %A in %B'**
The time is 10:32 PM on a lovely Friday in March

다음은 date 명령어의 다양한 포맷 예시다.

포맷	의미	예(미국 영어)
전체 날짜와 시간		
%c	전체 날짜와 시간, 12시간 단위 시간	Sun 28 Sep 2003, 09:01:25 PM EDT
%D	숫자 형식 날짜, 두 자리 연도	09/28/03
%x	숫자 형식 날짜, 네 자리 연도	09/28/2003
%T	24시간 단위 시간	21:01:25
%X	12시간 단위 시간	09:01:25 PM
낱말		
%a	요일명 약칭	Sun
%A	요일명	Sunday
%b	달 이름 약칭	Sep
%B	달 이름	September
%Z	시간대	EDT
%p	AM 또는 PM	PM
숫자		
%w	요일(0-6, 0=Sunday)	0
%u	요일(1-7, 1=Monday)	7
%d	일(앞자리 0을 채움)	02
%e	일(앞자리 0을 채우지 않음)	2
%j	연중 일 수(앞자리 0을 채움)	005
%m	숫자 형식으로 달 표기(앞자리 0을 채움)	09

%y	연도(두 자리)	03
%Y	연도(네 자리)	2003
%M	분(앞자리 0을 채움)	09
%S	초(앞자리 0을 채움)	05
%l	12시간 단위 시간(앞자리 0을 채우지 않음)	9
%I	12시간 단위 시간(앞자리 0을 채움)	09
%k	24시간 단위 시간(앞자리 0을 채우지 않음)	9
%H	24시간 단위 시간(앞자리 0을 채움)	09
%N	나노 초	737418000
%s	1970년 1월 1일 자정부터 센 초	1068583983
기타:		
%n	줄 바꿈 문자	
%t	탭 문자	
%%	퍼센트(%) 기호	

다음 옵션을 이용하면 date 명령어는 또 다른 날짜와 시간을 나타낼 수 있다.

유용한 옵션

-d *string*   원하는 포맷으로 주어진 날짜 또는 시간의 *string*을 출력한다.

-r *filename* 주어진 파일의 최종 수정 일시를 원하는 포맷으로 출력한다.

-s *string*   시스템의 날짜와 시간을 *string*으로 설정한다(오직 슈퍼 사용자만 설정 가능하다).

ntpdate
stdin **stdout** - file -- **opt** --help --version

ntpdate *timeserver*

ntpdate는 네트워크의 타임 서버에 접속하여 현재 시스템의 시간을 설정하는 명령어다(시스템 시간을 설정하려면 사용자는 반드시 루트 여야만 한다.).

→ **sudo /usr/sbin/ntpdate timeserver.someplace.edu**
7 Sep 21:01:25 ntpdate[2399]: step time server
  178.99.1.8
offset 0.51 sec

계속해서 타임 서버와 시스템 간의 시간 연동을 유지하려면 **ntpd**를 사용하자(*http://www.ntp.org* 참고). 지역 타임 서버를 모른다면 웹에서 '공용 ntp 타임 서버'(public ntp time server)를 검색하자.

그래픽

display   그래픽 파일을 나타낸다.

convert   파일의 그래픽 포맷을 다른 포맷으로 변경한다.

mogrify   그래픽 파일을 변경한다.

montage   그래픽 파일을 합친다.

리눅스에는 그래픽 파일을 보고 편집하기 위한 편리한 도구와 수많은 옵션이 있다. 이 책에서는 이미지매직(*http://imagemagick.org*)이라는 패키지의 명령행 도구에 초점을 맞추겠다. 이 명령어들은 모두 용도가 비슷하며 상세한 설명은 *http://imagemagick.org/script/command-line-processing.php*에 있다.

display   stdin stdout - file -- opt --help --version

display [*options*] *files*

display 명령어는 JPEG, PNG, GIF, BMP 등 다양한 형태로 이미지를
볼 수 있게 해 준다. 그뿐 아니라 이미지를 왼쪽 클릭하면 이미지 편집
도구를 쓸 수 있다. 프로그램을 나가려면 q를 누르면 된다.

→ **display photo.jpg**

이 명령어는 맨페이지에 100개가 넘는 옵션이 있을 정도로 매우 유용
하다.

유용한 옵션

-resize *size*   이미지 크기를 조절한다. *size* 값은 너비(800)와 높
                이(x600), 두 가지 모두(800x600), 확대 또는 축소 비
                율(50%), 픽셀(480000@) 등으로 매우 탄력적이다.

-flip   세로로 이미지를 반전한다.

-flop   가로로 이미지를 반전한다.

-rotate *N*   이미지를 *N*도 회전한다.

-backdrop   화면의 나머지 부분을 덮는 단색의 배경에 이미지를
                표시한다.

-fill   -backdrop 옵션에서 사용하는 단일 색상을 설정
                한다.

-delay *N*   *N*초 동안 이미지를 보여 주고 종료한다. 이미지가
                여러 장 있다면 각 이미지당 *N*초를 보여 주는 슬라이
                드 쇼가 된다.

-identify   이미지의 형태, 크기, 기타 데이터를 표준 출력으로
                출력한다.

---

convert
stdin stdout - file -- opt --help --version

convert [*input_options*] *infile* [*output_options*] *outfile*

convert 명령어는 이미지의 복사본을 만들어 다른 그래픽 형식으로 변경한다. 예를 들어 JPEG 파일이 있다면 같은 이미지의 PNG 파일로 만들 수 있다.

→ **convert photo.jpg newphoto.png**

동시에 크기 조절이나 반전 등 복사본을 변경할 수도 있다.

→ **convert photo.jpg -resize 50% -flip newphoto.png**

convert는 대체로 display와 동일한 옵션을 받아들인다.

---

mogrify
stdin stdout - file -- opt --help --version

mogrify [*options*] *file*

mogrify는 convert와 같이 이미지를 변형하는 명령어지만 그 변경은 복사본이 아니라 해당 이미지 파일에 직접 반영된다(그렇기 때문에 중요한 이미지에 시험해 볼 때는 convert가 더 안전하다). convert와 대부분 동일한 옵션을 받아들인다.

→ **mogrify -resize 25% photo.jpg**

---

montage
stdin stdout - file -- opt --help --version

montage *infiles* [*options*] *outfile*

montage는 입력 파일 모음에서 하나의 이미지를 만들어 낸다. 예를 들어 여러 섬네일을 한 이미지 안에 담을 수 있는데 각 섬네일에는 원본 파일명을 레이블로 달 수 있다.

```
→ montage photo.jpg photo2.png photo3.gif \
  -geometry 120x176+10+10 -label '%f' outfile.jpg
```

montage는 이러한 이미지들을 나타내는 방식을 세세하게 제어할 수 있다. 예를 들면 앞의 명령어는 크기가 120x176픽셀이고, 오프셋이 가로세로 10픽셀(섬네일 사이에 공간을 만든다)이며, 입력 파일명이 표시된 섬네일을 만든다.

유용한 옵션

-geometry widthxheight[+-]x[+-]y	높이, 너비, 이미지의 (x, y) 오프셋을 설정한다.
-frame N	각 이미지 둘레에 N픽셀의 틀을 그린다.
-label string	각 이미지에 string이라는 문자열로 레이블을 붙인다. 퍼센트 기호로 시작하는 특별한 이스케이프 문자를 포함할 수 있다. %f는 원본 파일명, %h와 %w는 높이와 너비, %m은 파일 형식을 나타내고 그 외 40개가 더 있다.

오디오와 비디오

cdparanoia	CD에서 오디오를 WAV 파일로 추출(rip)한다.
lame	WAV를 MP3로 변환한다.
id3info	MP3 파일 내의 ID3 태그를 열람한다.
id3tag	MP3 파일 내의 ID3 태그를 편집한다.
ogginfo	OGG 파일에 대한 정보를 열람한다.

metaflac   FLAC 파일의 정보를 보거나 편집한다.

sox   오디오 파일 형식을 변환한다.

mplayer   비디오 또는 오디오 파일을 재생한다.

오디오와 비디오를 편집하고 재생하기 위한 그래픽 사용자 인터페이스 기반 리눅스 프로그램이 무수히 많지만, 이 책에서는 역시나 명령행 도구에 초점을 맞추겠다.

---

cdparanoia   stdin stdout - file -- opt --help --version

cdparanoia [*options*] *span* [*outfile*]

cdparanoia 명령어는 CD에서 오디오 데이터를 읽고 WAV 파일 또는 다른 형태로 저장한다(맨페이지 참고). 많이 쓰이는 용도는 다음과 같다.

→ **cdparanoia** *N*

트랙 *N*을 파일로 추출한다.

→ **cdparanoia -B**

CD의 모든 트랙을 개별 파일로 추출한다.

→ **cdparanoia -B 2-4**

트랙 2, 3, 4를 개별 파일로 추출한다.

→ **cdparanoia 2-4**

트랙 2, 3, 4를 하나의 파일로 추출한다.

드라이브에 접근이 잘 되지 않는다면 cdparanoia -Qvs(시디롬 드라이브를 자세히 검색)를 실행해 해결책을 찾아보자.

lame

lame [*options*] file.wav

lame은 WAV 오디오 파일(song.wav라 하자)을 MP3 파일로 변환하는 명령어다.

→ **lame song.wav song.mp3**

비트 전송률을 조절하고 다른 포맷으로 변환하고 ID3 태그를 추가하는 데 100개가 넘는 옵션이 있다.

id3info

id3info [*options*] [*files*]

id3info는 노래 제목, 음악가, 앨범 제목, 연도 등 MP3 파일의 정보를 나타내는 명령어다. 이 명령어는 ID3 태그가 파일 내에 있다고 가정한다. 도움말 메시지와 프로그램 버전을 나타내는 것 외에는 다른 옵션이 없다.

```
→ id3info guitar.mp3
*** Tag information for guitar.mp3
=== TYER (Year): 2004
=== TCON (Content type): Sample File
=== TPE1 (Lead performer(s)/Soloist(s)): Gentle Giant
=== TIT2 (Title/songname): Guitar Solo
=== TALB (Album/Movie/Show title): Scraping the Barrel
*** mp3 info
MPEG1/layer III
Bitrate: 256KBps
Frequency: 44KHz
```

id3tag

stdin stdout - file -- opt --help --version

id3tag [*options*] *files*

id3tag 명령어는 MP3 파일의 ID3 태그를 더하거나 변경한다. 예를 들어 MP3 파일에 새로운 제목과 음악가를 태그하려면 다음을 실행하자.

→ **id3tag -A "My Album" -a "Loud Linux Squad" song.mp3**

유용한 옵션

-A *name*   음악가 이름을 설정한다.

-a *title*   음반 제목을 설정한다.

-s *title*   음악 제목을 설정한다.

-y *year*   연도를 설정한다.

-t *number*   트랙 번호를 설정한다.

-g *number*   음악 장르를 설정한다.

ogginfo

stdin stdout - file -- opt --help --version

ogginfo [*options*] [*files*]

ogginfo는 오그 보비스(OGG Vorbis) 오디오 파일에 대한 정보를 나타내는 간단한 명령어다.

→ **ogginfo guitar.ogg**
```
Processing file "guitar.ogg"...
...
Channels: 2
Rate: 44100
...
Nominal bitrate: 112.000000 kb/s
User comments section follows...
        Title=Guitar Solo
        Artist=Gentle Giant
```

```
        Album=Scraping the Barrel
        Year=2004
        Genre=Sample File
Vorbis stream 1:
        Total data length: 102390 bytes
        Playback length: 0m:09.952s
        Average bitrate: 82.301673 kb/s
```

좀 더 상세한 사용 정보를 알고 싶으면 -h 옵션을 추가하자.

---

metaflac   stdin stdout - file -- opt --help --version

metaflac [*options*] [*files*]

metaflac은 FLAC 오디오 파일의 정보를 나타내고 변경하는 명령어다.
정보를 보려면 다음을 실행하자.

```
→ metaflac --list guitar.flac
...
  sample_rate: 44100 Hz
  channels: 2
  bits-per-sample: 16
  total samples: 438912
...
  comments: 5
    comment[0]: Title=Guitar Solo
    comment[1]: Artist=Gentle Giant
    comment[2]: Album=Scraping the Barrel
    comment[3]: Year=2004
    comment[4]: Genre=Sample File
```

제목과 음악가 같은 정보를 변경하는 가장 간단한 방법은 해당 정보
를 텍스트 파일로 내보내서(export) 파일을 수정한 후 다시 가져오는
(import) 것이다.

```
→ metaflac —export-tags-to info.txt guitar.flac
→ cat info.txt
Title=Guitar Solo
```

```
Artist=Gentle Giant
Album=Scraping the Barrel
Year=2004
Genre=Sample File
```
→ **nano info.txt**   *변경하고 파일을 저장한다.*
→ **metaflac --import-tags-from info.txt guitar.flac**

유용한 옵션

--show-tag *name*   주어진 태그, 예를 들어 title, artist, album,
                      year 등의 값을 표시한다. 다른 정보를 보여 주
                      는 옵션이 더 있으니 맨페이지를 참고하자.

--remove-tag *name*   해당 FLAC 파일에서 주어진 태그(title,
                      artist 등)를 전부 삭제한다.

SOX   stdin stdout - file -- opt --help --version

sox [*options*] *infile outfile*

sox는 한 오디오 파일 형식을 다른 형식으로 변환하는 가장 간단한 명
령어다. MP3, OGG, FLAC, WAV 등 수십 가지 형식이 지원된다(man
soxformat을 실행하면 목록을 볼 수 있다). 올바른 파일 확장자를 이
용하여 새로운 형식을 지정하자.

→ **sox guitar.mp3 guitar2.wav**   *MP3를 WAV로 변환한다.*
→ **sox guitar.ogg guitar2.mp3**   *OGG를 MP3로 변환한다.*
→ **sox guitar.flac guitar2.ogg**   *FLAC을 OGG로 변환한다.*
... 기타 등등 ...

sox는 오디오 파일의 결합을 포함하여 특수 효과를 추가하는 등 다양
한 용도가 있어서 오디오 명령어계의 '맥가이버 칼'이라고도 부른다.
자세한 정보는 맨페이지를 참고하라.

유용한 옵션

-S   진행 상황 막대(progress meter)를 표시한다. 시간이 오

            래 걸리는 작업에 유용하다.

--no-clobber 대상 출력 파일이 있으면 덮어쓰지 않는다.

-t *type*   sox가 입력 파일의 타입을 알아내지 못한다면 이를 지

            정한다. man soxformat 명령을 통해 타입 목록을 확인

            하자.

---

mplayer   **stdin stdout - file -- opt --help --version**

mplayer [*options*] *video_files*...

mplayer는 다양한 형태의 비디오 파일(MPEG, AVI, MOV 등)을 재생

하는 명령어다.

→ **mplayer myfile.avi**

비디오가 재생 중일 때 스페이스 바를 눌러 일시 정지와 다시 재생

을 하고, 방향키로는 영상의 앞뒤로 이동하고, q를 눌러 종료한다.

mplayer는 오디오 파일도 재생할 수 있다. 맨페이지를 보면 수십 가지

옵션이 있고 *http://www.mplayerhq.hu*에서 더 많이 배울 수 있다.

　리눅스에서 유명한 또 다른 비디오 플레이어로는 vlc(*http://www.

videolan.org/vlc/*), kaffeine(*https://www.kde.org/applications/multimedia/

kaffeine/*), xine(*http://www.xine-project.org/*)이 있다.

소프트웨어 설치하기

때때로 사용 중인 리눅스 시스템에 소프트웨어를 추가해야 할 수도 있

다. 하지만 리눅스는 '패키지된'(packaged) 소프트웨어에 대한 다양한

기준이 있기 때문에 설치하는 방법도 각각 다르다. 배포판에 따라 명령행으로 설치하거나 한두 가지 그래픽 사용자 인터페이스 도구로 설치하거나 두 방법을 모두 쓰기도 한다. 가장 많이 쓰이는 패키지 타입은 다음과 같다.

*.deb 파일

데비안, 우분투 같은 배포판이 사용하는 데비안 패키지다. 이 책에서는 이 포맷으로 소프트웨어를 설치하는 패키지 관리 명령어인 `aptitude`, `apt-get`, `dpkg`에 대해 설명할 것이다.

*.rpm 파일

RPM 패키지 매니저 파일은 레드햇, 페도라, CentOS 같은 배포판에서 사용한다. 패키지 매니저 `dnf`, `yum`, `rpm`으로 설치한다.

*.tar.gz 파일과 *.tar.bz2 파일

압축된 tar 파일이다. 이러한 종류의 파일은 설치 가능한 '패키지'가 아니라 tar로 만들어서 gzip(*.gz*)이나 bzip2(*.bz2*)로 압축한 파일 모음이다. 데비안과 RPM 패키지들은 명령어 하나로 설치할 수 있지만, 압축된 tar 파일들은 보통 수동적인 몇 단계가 필요하다.

사용자는 리눅스 시스템이 어떤 패키지 타입을 사용하는지 알아야 한다. 일반적으로 데비안과 RPM 같은 패키지 타입은 혼합하여 사용할 수 없고 그래서도 안 된다. 다행히도 최근 리눅스 시스템은 처음 설치할 때 패키지 매니저가 함께 설치되므로 그냥 사용하면 된다.

실행하고 있는 리눅스 배포판이 어떤 것인지 잘 모르겠다면 다음 중 하나를 실행해 보자.

```
→ cat /etc/issue
Ubuntu 15.10 \n \l
→ more /etc/*-release
```

```
NAME="Ubuntu"
VERSION="15.10 (Wily Werewolf)"
…
```

새로운 소프트웨어는 대부분 슈퍼 사용자에 의해 설치되어야 하기 때문에 sudo(또는 동등한) 명령어를 실행해야 할 것이다. 예를 들어 보자.

```
→ sudo rpm -ivh mypackage.rpm
Password: ********
```

여러분의 리눅스 배포판은 패키지를 다루기 위한 그래픽 사용자 인터페이스 프로그램과 함께 설치됐을 것이다. 하지만 때로는 명령행 프로그램이 좀 더 간단하고 빠를 수 있다.

---

dnf
stdin **stdout** - file -- opt **--help** **--version**

dnf [*options*] [*packages*]

dnf는 RPM 패키지(*.rpm* 파일)를 위한 최신 패키지 매니저다.

다음 표는 dnf로 흔히 하는 작업 목록이다.

기능	dnf 명령어
필요한 패키지 탐색(와일드카드 *와 ? 지원)	dnf search *command_name*
패키지가 설치됐는지 확인	dnf list installed *package_name*
패키지를 다운로드하되 설치하지 않음	dnf download *package_name*
패키지를 다운로드하고 설치	sudo dnf install *package_name*
패키지 파일 설치	sudo dnf install *file.rpm*
패키지 정보 보기	dnf info *package_name*
패키지의 내용물 목록 열거	rpm -ql *package_name*

설치된 파일이 어떤 패키지에 속하는지 보기	`dnf provides /path/to/file`
설치된 패키지 업데이트	`sudo dnf upgrade package_name`
설치된 패키지 제거	`sudo dnf remove package_name`
시스템에 설치된 모든 패키지 목록 열거	`dnf list installed	less`
시스템의 모든 패키지 업데이트 확인	`dnf check-update`
시스템의 모든 패키지 업데이트	`sudo dnf upgrade`

yum

stdin stdout - file -- opt **--help --version**

`yum [options] [packages]`

yum은 레드햇 엔터프라이즈 리눅스, 페도라, CentOS 같은 배포판에서 사용하는 RPM 패키지(*.rpm* 파일)를 관리하는 가장 유명한 패키지 매니저다. 주로 명령행 도구로 사용되지만, 페도라 리눅스의 패키지킷(PackageKit) 같이 yum의 그래픽 사용자 인터페이스 프런트 엔드도 접할 수 있을 것이다.

다음 표는 yum으로 많이 하는 작업 목록이다. 로컬 파일에 대한 작업 기능은 yum에서 제공하지 않고 rpm 명령을 직접 써야 한다.

기능	yum 명령어
필요한 패키지 탐색(와일드카드 *와 ? 지원)	`yum search command_name`
패키지가 설치됐는지 확인	`yum list installed package_name`

패키지를 다운로드하되 설치하지 않음. downloadonly 플러그인 필요. 다음을 실행해 설치.
 `sudo yum install \`
 `yum-downloadonly`
	`sudo yum --downloadonly install`
	 package_name

패키지를 다운로드하고 설치	`sudo yum install package_name`

패키지 파일 설치	`rpm -ivh package.rpm`
패키지 정보 보기	`yum info package_name`
패키지의 내용물 목록 열거	`rpm -ql package_name`
설치된 파일이 어떤 패키지에 속하는지 보기	`yum provides /path/to/file`
설치된 패키지 업데이트	`sudo yum update package_name`
설치된 패키지 제거	`sudo yum remove package_name`
시스템에 설치된 모든 패키지 목록 열거	`yum list installed | less`
시스템의 모든 패키지 업데이트 확인	`yum check-update`
시스템의 모든 패키지 업데이트	`sudo yum update`

rpm
stdin **stdout** - file -- opt **--help --version**

`rpm [options] [files]`

RPM 패키지를 수동으로 받아 설치하고 싶다면 rpm을 사용하자. 사실 yum은 패키지를 관리할 때 rpm 명령을 사용한다. yum과는 다르게 rpm은 사용자의 로컬 컴퓨터에 국한되어 동작한다. 즉, 새로운 패키지를 위해 인터넷에서 소프트웨어 저장소를 검색하지 않는다.

rpm은 소프트웨어를 설치할 뿐 아니라 설치에 필요한 요소들이 시스템에 설치되어 있는지도 확인한다. 예를 들어 패키지 *superstuff*가 아직 설치되지 않은 패키지 *otherstuff*를 필요로 한다면, rpm은 *superstuff*를 설치하지 않을 것이다. 사용자의 시스템이 이 테스트에 통과하면 요청한 패키지를 설치한다.

RPM 파일명은 보통 *<name>-<version>.<architecture>.rpm* 같은 형태다. 파일명 *emacs-23.1-17.i386.rpm*은 i386(인텔 80386과 그 이후 칩)용 이맥스 패키지 버전 23.1-17을 의미한다. rpm이 때때로 *emacs-23.1-17.i386.rpm* 같은 파일명을 인자로 필요로 하기도 하고, 단

순히 패키지명(*emacs* 같은)만 필요로 할 때도 있다는 것을 명심하자.

기능	rpm 명령어
패키지가 설치됐는지 확인	rpm -q *package_name*
패키지 파일 설치	sudo rpm -ivh *package_file*.rpm
패키지 정보 보기	rpm -qi *package_name*
패키지의 내용물 목록 열거	rpm -ql *package_name*
설치된 파일이 어떤 패키지에 속하는지 보기	rpm -qf */path/to/file*
설치된 패키지 업데이트	sudo rpm -Uvh *package_file*.rpm
설치된 패키지 제거	sudo rpm -e *package_name*
시스템에 설치된 모든 패키지 목록 열거	rpm -qa | less

APT   **stdin stdout** - file -- opt --**help** --**version**

```
apt-get [options] packages
apt-file [options] string
apt-cache [options] packages
dpkg [options] packages
```

APT(advanced packaging tool) 명령어 세트는 데비안(*.deb*) 패키지를 설치, 제거, 조작할 수 있다.

시스템의 패키지를 업데이트하기 전에 sudo apt-get update를 실행하여 어떤 패키지를 설치할 수 있는지 최근 정보를 검색해 보자.

기능	APT 명령어
필요한 패키지 탐색	apt-file search *package_name*
패키지가 설치됐는지 확인	dpkg -s *package_name*
패키지를 다운로드하되 설치하지 않음	apt-get -d *package_name*

패키지를 다운로드하고 설치	sudo apt-get install *package_name*
패키지 파일 설치	dpkg -i *package_file*.deb
패키지 정보 보기	apt-cache show *package_name*
패키지의 내용물 목록 열거	dpkg -L *package_name*
설치된 파일이 어떤 패키지에 속하는지 보기	dpkg -S */path/to/file*
설치된 패키지 업데이트	sudo apt-get upgrade *package_name*
설치된 패키지 제거	sudo apt-get remove *package_name*
시스템에 설치된 모든 패키지 목록 열거	dpkg -l
시스템에 설치된 모든 패키지 업데이트 확인	sudo apt-get -u upgrade
시스템에 설치된 모든 패키지 업데이트	sudo apt-get upgrade

aptitude   stdin **stdout** - file -- opt --**help** --**version**

aptitude [*options*] [*packages*]

aptitude는 데비안(*.deb*) 패키지를 제어하는 명령행 패키지 매니저다. 간혹 *.deb* 파일로 작업을 할 때 aptitude에 필요한 기능이 없기 때문에 dpkg 명령어를 알아야 할 필요가 있다.

기능	aptitude 명령어
필요한 패키지 탐색	aptitude search *package_name*
패키지가 설치됐는지 확인("State: not installed" 또는 "State: installed" 출력 확인)	aptitude show *package_name*
패키지를 다운로드하되 설치하지 않음	aptitude download *package_name*
패키지를 다운로드하고 설치	sudo aptitude install *package_name*
패키지 파일 설치	dpkg -i package_file.deb

패키지 정보 보기	aptitude show *package_name*
패키지의 내용물 목록 열거	dpkg -L *package_name*
설치된 파일이 어떤 패키지에 속하는지 보기	dpkg -S */path/to/file*
설치된 패키지 업데이트	sudo aptitude safeupgrade *package_name*
설치된 패키지 제거	sudo aptitude remove *package_name*
시스템에 설치된 모든 패키지 목록 열거	aptitude search '~i' | less
시스템에 설치된 모든 패키지 업데이트 확인	aptitude --simulate full-upgrade
시스템에 설치된 모든 패키지 업데이트	sudo aptitude full-upgrade

tar.gz와 tar.bz2 파일

패키지된 소프트웨어 파일 중 파일명이 *.tar.gz*와 *.tar.bz2*로 끝나는 파일은 일반적으로 설치 전에 컴파일(또는 빌드)해야 할 필요가 있는 소스 코드를 포함하고 있다. 대표적인 컴파일 방식은 다음과 같다.

1. 패키지 내용을 한 줄에 하나씩 나열하라. 각 파일을 추출할 때 우연히 또는 악의적으로 시스템의 중요한 내용을 덮어쓰지 않도록 하라.[33]

    → **tar tvf** *package*.tar.gz **\| less**   *gzip*
    → **tar tvf** *package*.tar.bz2 **\| less**   *bzip2*

2. 준비가 됐다면 새로운 디렉터리에 파일들을 추출하자. 안전상의 이유로 슈퍼 사용자가 아닌 사용자로 다음 명령어를 실행하자.

    → **mkdir newdir**
    → **cd** *installation_directory*
    → **tar xvf** *<path>*/package.tar.gz   *gzip*
    → **tar xvf** *<path>*/package.tar.bz2   *bzip2*

---

[33] 악의적으로 설계된 *tar* 파일은 */etc/passwd* 같은 절대 경로를 포함하고 있어서 시스템 패스워드 파일을 덮어쓸 수 있다.

3. 추출된 파일에서 INSTALL 또는 README를 찾으라. 이 파일의 내용을 읽고 소프트웨어를 빌드하는 방법을 배워야 한다.

```
→ cd newdir
→ less INSTALL
```

4. 보통 *INSTALL* 또는 *README* 파일은 configure라는 스크립트를 현재 디렉터리에서 실행하라고 할 것이다. 그리고 나서 make, 그런 다음 make install을 실행하라고 할 것이다. configure 스크립트의 옵션들을 확인해 보자.

```
→ ./configure --help
```

그런 다음 소프트웨어를 설치하자.

```
→ ./configure options
→ make
→ sudo make install
```

셸 스크립트 프로그래밍

앞에서 배시에 대해 다룰 때, 셸에는 내장된 프로그래밍 언어가 있다고 말했다. 사실 사용자는 단일 명령어가 하지 못하는 일을 해내기 위해 프로그램이나 셸 스크립트를 작성할 수 있다. 이 책의 예제 디렉터리에 있는 reset-lpg 명령어는 사용자가 읽을 수 있는 셸 스크립트다.

```
→ less ~/linuxpocketguide/reset-lpg
```

프로그래밍 언어답게 셸은 변수, if-then-else 같은 조건문, 반복문, 입력과 출력 등을 가지고 있다. 여기서는 아주 최소한의 것만 설명하겠다. 자세한 정보를 원하면 info bash를 실행하거나 인터넷 검색을 해보거나 오라일리에서 펴낸 『*Learning the bash Shell*』 또는 『*Bash Pocket Guide*』(번역서는 『배시 핵심 레퍼런스』, 박진석 옮김, 인사이트 펴냄) 같은 도서를 찾아봐도 된다.

셸 스크립트 생성과 실행

셸 스크립트를 생성하려면 원하는 배시 명령어를 파일에 입력하기만
하면 된다. 스크립트를 실행하는 데 세 가지 방법이 있다.

#!/bin/bash를 파일 맨 앞에 덧붙이고 파일을 실행 가능하게 만든다.

스크립트 실행에 가장 많이 쓰이는 방법이다. 다음 줄을 스크립트
파일 맨 위에 추가한다.

```
#!/bin/bash
```

파일의 첫 번째 줄 가장 왼쪽에 작성해야 한다. 그러고 나서 해당
파일을 실행 가능하게 만든다.

```
→ chmod +x myscript
```

선택 사항으로 탐색 경로에 있는 디렉터리로 옮기고 다른 명령어
처럼 실행하면 된다.

```
→ myscript
```

해당 스크립트가 현재 작업 디렉터리에 위치하지만, 현재 작업 디
렉터리('.')가 탐색 경로 안에 없다면 './'를 덧붙여야 셸이 그 스크
립트를 찾을 수 있다

```
→ ./myscript
```

현재 디렉터리는 보안 때문에 탐색 경로에 없는 것이 일반적이다
(예를 들어 'ls'라는 로컬 스크립트가 명령어 ls를 덮어쓰기를 바라
지 않을 것이다).

배시에 전달

배시는 스크립트의 이름을 인자로 해석해서 실행할 것이다.

```
→ bash myscript
```

현재 셀에서 '.' 또는 source 명령으로 실행

앞서 설명한 방법은 사용자의 스크립트를 현재 셀에 아무런 영향이 없는 독립체로서 실행한다.[34] 스크립트가 현재 셀을 변경(변수설정, 디렉터리 변경 등)하기를 원한다면 source 또는 '.' 명령어를 사용하여 실행하면 된다.

```
→ . myscript
→ source myscript
```

공백 문자와 줄 바꿈

배시 스크립트는 공백 문자와 줄 바꿈에 매우 민감하다. 프로그래밍언어의 '키워드'는 실제로는 셸에 의해 수행되기 때문에 사용자는 인자를 공백 문자로 구분해야 한다. 마찬가지로 명령어 중간에 존재하는줄 바꿈도 명령어가 끝나지 않았다고 오인하게 만든다. 이 책에 나오는 다음 형식만 따라가면 아무런 문제도 없을 것이다.

긴 명령어를 여러 줄로 나누어야 한다면 각 줄의 끝을 \(다음 줄에'계속'이라는 뜻이다)로 끝내면 된다.

```
→ grep abcdefghijklmnopqrstuvwxyz file1 file2 \
  file3 file4
```

변수

앞에서 셸 변수에 대해 이미 설명했다.

```
→ MYVAR=6
→ echo $MYVAR
6
```

---

34 스크립트가 원래 셸을 변경할 수 없는 다른 셸(서브 셸 또는 하위(child) 셸)에서 실행되기 때문이다.

변수의 모든 값은 문자열이다. 하지만 그것들이 숫자라면 셸은 적절한
때에 숫자처럼 다룰 것이다.

```
→ NUMBER="10"
→ expr $NUMBER + 5
15
```

셸 스크립트 내의 어떤 변숫값을 의미하는 것이라면 실행 시 에러를
방지하기 위해 양쪽으로 따옴표를 사용하는 것이 좋다. 정의되지 않은
변수 또는 그 값 내에 공백이 있는 변수는 따옴표로 감싸지 않으면 스
크립트가 오작동하고 예상치 못한 결과가 초래될 것이다.

```
→ FILENAME="My Document"              이름에 띄어쓰기가 있다.
→ ls $FILENAME                        목록을 나열하려고 한다.
ls: My: No such file or directory     ls는 두 개의 인자로 본다.
ls: Document: No such file or directory
→ ls -l "$FILENAME"                   목록을 적절히 나열한다.
My Document                           ls는 한 개의 인자로 본다.
```

변수명이 또 다른 문자열에 인접하여 있다면 양쪽에 중괄호를 사용하
여 예상치 못한 결과가 초래되지 않게 하자.

```
→ HAT="fedora"
→ echo "The plural of $HAT is $HATs"
The plural of fedora is               HATs 변수가 출력되지 않는다.
→ echo "The plural of $HAT is ${HAT}s"
The plural of fedora is fedoras       정상 결과
```

입력과 출력

'화면 출력'(226쪽)에서 설명한 것처럼 echo와 printf 명령어로 스크립
트를 출력한다.

```
→ echo "Hello world"
Hello world
→ printf "I am %d years old\n" `expr 20 + 20`
I am 40 years old
```

표준 입력에서 한 줄을 읽고 변수로 저장하는 read 명령어로 입력을
읽어 들인다.

```
→ read name
Sandy Smith <ENTER>
→ echo "I read the name $name"
I read the name Sandy Smith
```

불 값과 반환 코드

조건문과 반복문을 설명하기 전에 불(참/거짓) 테스트의 개념에 대해
알아야 한다. 셸한테 0이라는 값은 참 또는 성공을 의미하고, 그 외에
는 거짓 또는 실패라는 뜻이다(숫자 0은 '에러가 아님(no error)'이고
다른 값은 에러 코드라고 생각하자).

또 모든 리눅스 명령어는 명령이 종료되면 반환 코드 또는 종료 상
태라는 정숫값을 셸에 반환한다.

특별 변수 $?에서 이러한 값을 볼 수 있다.

```
→ cat myfile
My name is Sandy Smith and
I really like Ubuntu Linux
→ grep Smith myfile
My name is Sandy Smith and        일치되는 문자열을 찾았다.
→ echo $?
0                                 반환 코드는 '성공'이다.
→ grep aardvark myfile
→ echo $?
1                                 일치하지 않아 찾지 못했다.
                                  반환 코드는 '실패'다.
```

명령어의 반환 값은 일반적으로 맨페이지에 기록되어 있다.

test와 [

test 명령어(셸에 내장)는 숫자와 문자열을 포함한 간단한 불 표현들
을 0(참) 또는 1(거짓)로 평가한다.

```
→ test 10 -lt 5            10이 5보다 작은가?
→ echo $?
1                          거짓
→ test -n "hello"          "hello" 문자열의 길이가 0이 아닌가?
→ echo $?
0                          참
```

정수, 문자열, 파일 속성을 확인하는 데 많이 쓰이는 test 인자는 다음과 같다.

파일 테스트

-d *name* *name* 파일은 디렉터리인가?

-f *name* *name* 파일은 일반적인 파일인가?

-L *name* *name* 파일은 심벌릭 링크인가?

-r *name* *name* 파일은 존재하며 읽을 수 있는가?

-w *name* *name* 파일은 존재하며 쓸 수 있는가?

-x *name* *name* 파일은 존재하며 실행 가능한가?

-s *name* *name* 파일은 존재하며 그 크기가 0이 아닌가?

f1 -nt *f2* *f1* 파일은 *f2* 파일보다 먼저 생성됐는가?

f1 -ot *f2* *f1* 파일은 *f2* 파일보다 나중에 생성됐는가?

문자열 테스트

s1 = *s2* 문자열 *s1*과 문자열 *s2*는 같은가?

s1 != *s2* 문자열 *s1*과 문자열 *s2*는 다른가?

-z *s1* 문자열 *s1*의 길이는 0인가?

-n *s1* 문자열 *s1*의 길이는 0이 아닌가?

숫자 테스트

a -eq *b* 정수 *a*와 정수 *b*는 같은가?

a -ne *b* 정수 *a*와 정수 *b*는 다른가?

a –gt *b*	정수 *a*는 정수 *b*보다 큰가?
a –ge *b*	정수 *a*는 정수 *b*보다 크거나 같은가?
a –lt *b*	정수 *a*는 정수 *b*보다 작은가?
a –le *b*	정수 *a*는 정수 *b*보다 작거나 같은가?

and, or, not 테스트

t1 –a t2	and: t1과 t2 둘 다 참인가?
t1 –o t2	or: t1 또는 t2 둘 중 하나는 참인가?
! *your_test*	표현식이 거짓(예: your_test가 거짓)이면 참이다.
\(*your_test* \)	수학과 같이 괄호는 그룹으로 묶을 때 쓰인다.

test는 특이한 별칭을 가지고 있다. '['(여는 대괄호)는 조건문, 반복문과 함께 사용되는 약칭이다. 이 약칭을 사용하면 테스트의 종료를 나타내기 위해 종결 인자 ']'(닫는 대괄호)를 반드시 제공해야 한다. 다음 테스트들은 앞선 두 개와 동일하다.

```
→ [ 10 –lt 5 ]
→ echo $?
1
→ [ –n "hello" ]
→ echo $?
0
```

'['는 다른 명령어와 같아서 공백 문자로 구분된 독립적인 인자가 이어진다. 공백 문자를 실수로 깜박했다고 하자.

```
→ [ 5 –lt 4]          4와 ]사이에 빈칸이 없다.
bash: [: missing ']'
```

그러면 test는 종결 인자가 문자열 "4]"라고 생각하고 종결 대괄호가 없다고 한다.

좀 더 강력하지만 손쉽게 사용하기 어려운 불 테스트의 문법은 이중 대괄호([[)다. [[는 정규 표현식을 추가하거나 test의 모호한 부분을 제거한다. 자세한 정보는 *http://mywiki.wooledge.org/BashFAQ/031*을 참고하자.

조건문

if 표현은 각각 복잡한 테스트를 가지고 있는 조건 사이에서 선택을 한다. 가장 간단한 형태는 if-then 표현이다.

```
if command                    명령 종료 상태가 0일 경우
then
   body
fi
```

다음에 if 표현을 사용한 예가 있다.

```
→ cat script-if
#!/bin/bash
if [ `whoami` = "root" ]
then
  echo "You are the superuser"
fi
```

다음은 if-then-else 표현이다.

```
if command
then
   body1
else
   body2
fi
```

예를 들어 다음과 같이 사용할 수 있다.

```
→ cat script-else
#!/bin/bash
```

```
if [ `whoami` = "root" ]
then
  echo "You are the superuser"
else
  echo "You are a mere mortal"
fi
```
→ **./script-else**
You are a mere mortal
→ **sudo ./script-else**
Password: ********
You are the superuser

마지막으로 원하는 만큼 테스트할 수 있는 if-then-elif-else 형태가 있다.

```
if command1
then
  body1
elif command2
then
  body2
elif ...
  ...
else
  bodyN
fi
```

예는 다음과 같다.

→ **cat script-elif**
```
#!/bin/bash
bribe=20000
if [ `whoami` = "root" ]
then
  echo "You are the superuser"
elif [ "$USER" = "root" ]
then
  echo "You might be the superuser"
elif [ "$bribe" -gt 10000 ]
then
  echo "You can pay to be the superuser"
else
```

```
    echo "You are still a mere mortal"
fi
```
→ **./script-elif**
```
You can pay to be the superuser
```

case 문은 단일 값을 평가하고 적절한 코드로 분기한다.

→ **cat script-case**
```
#!/bin/bash
echo -n "What would you like to do (eat, sleep)? "
read answer
case "$answer" in
  eat)
    echo "OK, have a hamburger."
    ;;
  sleep)
    echo "Good night then."
    ;;
  *)
    echo "I'm not sure what you want to do."
    echo "I guess I'll see you tomorrow."
    ;;
esac
```
→ **./script-case**
```
What would you like to do (eat, sleep)? sleep
Good night then.
```

일반적인 형태는 다음과 같다.

```
case string in
  expr1)
    body1
    ;;
  expr2)
    body2
    ;;
  ...
  exprN)
    bodyN
    ;;
  *)
    bodyelse
    ;;
```

esac

*string*은 아무 값이나 가능한데 보통은 $myvar 같은 변수다. 그리고
*expr1*부터 *exprN*까지는 패턴을 나타내고(자세한 정보를 원하면 info
bash를 실행하자) 마지막 *는 'else'와 같은 역할을 한다. 명령어 세트
는 반드시 ;;로 끝내야 한다.

→ **cat script-case2**
```
#!/bin/bash
echo -n "Enter a letter: "
read letter
case $letter in
  X)
    echo "$letter is an X"
    ;;
  [aeiou])
    echo "$letter is a vowel"
    ;;
  [0-9])
    echo "$letter is a digit, silly"
    ;;
  *)
    echo "The letter '$letter' is not supported"
    ;;
esac
```
→ **./script-case2**
```
Enter a letter: e
e is a vowel
```

반복문

while 반복문은 조건문이 사실일 경우 명령어 세트를 반복한다.

```
while command            명령어의 실행 결과가 0일 경우 계속 실행
do
  body
done
```

예를 들면 다음과 같다.

```
→ cat script-while
#!/bin/bash
i=0
while [ $i -lt 3 ]
do
  echo "$i"
  i=`expr $i + 1`
done
→ ./script-while
0
1
2
```

until 반복문은 조건이 사실이 될 때까지 반복한다.

```
until command              명령어의 실행 결과가 0이 아닐 경우에 계속 실행
do
  body
done
```

예를 들면 다음과 같다.

```
→ cat script-until
#!/bin/bash
i=0
until [ $i -ge 3 ]
do
  echo "$i"
  i=`expr $i + 1`
done
→ ./script-until
0
1
2
```

항상 0(참)으로 실행되는 조건문에 while을 사용한다거나 항상 0이 아
닌 값(거짓)에 until을 사용하는 무한 반복문을 피하도록 주의하자.

```
i=1
while [ $i -lt 10 ]        변수 i는 절대 변하지 않는다. 무한 반복된다!
do
```

```
    echo "forever"
done
```

또 다른 반복문 형태인 for 반복문은 주어진 리스트의 값을 반복한다.

```
for variable in list
do
   body
done
```

예를 들어 다음과 같다.

```
→ cat script-for
#!/bin/bash
for name in Tom Jane Harry
do
  echo "$name is my friend"
done
→ ./script-for
Tom is my friend
Jane is my friend
Harry is my friend
```

for 반복문은 현재 디렉터리 내 특정 확장자를 가진 파일명 처리 같은 작업을 할 때 특히 편리하다.

```
→ cat script-for2
#!/bin/bash
for file in *.docx
do
  echo "$file is a stinky Microsoft Word file"
done
→ ./script-for2
letter.docx is a stinky Microsoft Word file
```

연속적인 숫자 리스트를 만들고 이 리스트를 반복하려면 seq 명령어 (230쪽 참고)를 사용할 수 있다.

```
→ cat script-seq
```

```
#!/bin/bash
for i in $(seq 1 20)          1부터 20까지 숫자를 생성한다.
do
  echo "iteration $i"
done
→ ./script-seq
iteration 1
iteration 2
iteration 3
...
iteration 20
```

명령행 인자

셸 스크립트는 다른 리눅스 명령어와 똑같이 명령행 인자와 옵션을 받아들일 수 있다(사실 흔한 리눅스 명령어는 대부분 스크립트다). 사용자의 셸 스크립트에서 인자를 $1, $2, $3 등과 같이 명명할 수 있다.

```
→ cat script-args
#!/bin/bash
echo "My name is $1 and I come from $2"

→ ./script-args Johnson Wisconsin
My name is Johnson and I come from Wisconsin
→ ./script-args Bob
My name is Bob and I come from
```

$#로 스크립트 인자의 개수를 확인해 볼 수 있다

```
→ cat script-args2
#!/bin/bash
if [ $# -lt 2 ]
then
  echo "$0 error: you must supply two arguments"
else
  echo "My name is $1 and I come from $2"
fi
```

스크립트 이름을 포함하고 있는 특수값 $0는 에러 메시지를 관리하기 쉽다.

```
→ ./script-args2 Barbara
./script-args2 error: you must supply two arguments
```

모든 명령행 인자를 반복하려면 모든 인자를 함유하고 있는 특수값 $@ 와 for 반복문을 사용하자.

```
→ cat script-args3
#!/bin/bash
for arg in $@
do
  echo "I found the argument $arg"
done
→ ./script-args3 One Two Three
I found the argument One
I found the argument Two
I found the argument Three
```

반환 코드와 함께 종료하기

exit 명령어는 스크립트를 종료하고 주어진 반환 코드를 셸로 보낸다. 전통적으로 스크립트는 성공하면 0을, 실패하면 1(또는 0이 아닌 값) 을 반환한다. 스크립트가 exit를 호출하지 않으면 반환 코드는 자동으 로 0이다.

```
→ cat script-exit
#!/bin/bash
if [ $# -lt 2 ]
then
  echo "$0 error: you must supply two arguments"
  exit 1
else
  echo "My name is $1 and I come from $2"
fi
exit 0
```

```
→ ./script-exit Bob
./script-exit error: you must supply two arguments
→ echo $?
1
```

배시로 파이핑(piping, 전달)하기

배시는 셸일 뿐 아니라 표준 입력을 읽는 bash 명령어이기도 하다. 이
말은 명령어를 문자열로 구성하고 배시로 전송하여 실행할 수 있다는
뜻이다.

```
→ echo wc -l myfile
wc -l myfile

→ echo wc -l myfile | bash

18 myfile
```

> **경고**
>
> 명령어를 배시로 전달하는 것은 매우 강력하나 위험할 수도 있다. 우선 어떤 명령어가
> 실행되는지 정확히 알아야 한다. 예상치 못했던 rm 명령어가 배시로 전달되어 중요한
> 파일이 삭제되는 걸 원하지는 않을 것이다.
>
> 누군가가 웹 페이지를 검색하여 내용 전부를 배시로 전달하는 것을 요청한다면(예를 들
> 어 curl 명령어로) 그렇게 해서는 안 된다. 대신 웹 페이지를 캡처하여 파일로 만들고
> (curl 또는 wget을 사용하여) 자세히 들여다보자. 내용을 잘 알고 배시로 실행할지 말
> 지 결정하자.

이 기술은 굉장히 유용하다. 웹 사이트에서 *photo1.jpg*부터 *photo100.
jpg*까지 다운로드하고 싶다고 하자. wget 명령을 100번 입력하는 대
신, 반복문으로 명령어를 구성하고, seq로 1부터 100까지의 숫자 리스
트를 만들라.

```
→ for i in `seq 1 100`
do
  echo wget http://example.com/photo$i.jpg
done
wget http://example.com/photo1.jpg
wget http://example.com/photo2.jpg
...
wget http://example.com/photo100.jpg
```

맞다. 방금 100개의 명령어를 구성한 것이다. 이제 그 출력을 배시로
전달하면 손으로 100번 입력한 것과 동일하게 명령어를 100번 실행할
것이다.

```
→ for i in `seq 1 100`
do
  echo wget http://example.com/photo$i.jpg
done | bash
```

좀 더 복잡하지만 실질적인 활용법이 있다. 이름 변경을 원하는 파일
목록이 있다고 하자. 기존 파일명을 *oldnames* 파일에 넣고 새로운 파
일명을 *newnames* 파일에 넣는다.

```
→ cat oldnames
oldname1
oldname2
oldname3
→ cat newnames
newname1
newname2
newname3
```

이제 paste와 sed(107쪽, '파일 텍스트 조작' 참고) 명령어를 사용하여
교체할 이름과 교체를 원하는 파일명을 나란히 두고 'mv'를 각 행 앞
에 추가하면 출력은 mv 명령을 실행한 결과가 된다.

```
→ cat oldnames | paste -d' ' oldnames newnames \
  | sed 's/^/mv /'
mv oldfile1 newfile1
mv oldfile2 newfile2
mv oldfile3 newfile3
```

마지막으로 출력을 bash로 보내면 이름이 변경된다.

```
→ cat oldnames | paste -d' ' oldnames newnames \
  | sed 's/^/mv /' \
  | bash
```

셸 스크립트를 넘어서

셸 스크립트는 다양한 목적으로 활용할 수 있다. 하지만 리눅스에서는 더 강력한 스크립트 언어뿐 아니라 컴파일 방식 언어도 사용할 수 있다. 다음은 몇 가지 예다.

언어	프로그램	참고 문서
C, C++	gcc, g++	man gcc https://gcc.gnu.org/
닷넷	mono	man mono http://www.mono-project.com/
자바	javac	http://java.com/
펄	perl	man perl http://www.perl.com/
PHP	php	man php http://php.net/
파이썬	python	man python https://www.python.org/
루비	ruby	http://www.ruby-lang.org/

마무리

이 책에서 리눅스의 많은 명령어와 기능을 다뤘지만 사실 빙산의 일각에 불과하다. 대다수 배포판은 셸 수 없이 많은 프로그램이 조합되어 만들어진다. 리눅스 시스템에 익숙해지길 원한다면, 계속해서 읽고 탐험하고 배우는 연습을 게을리하지 않기를 바란다. 행운을 빈다!

감사의 말

이 책의 1, 2판을 구입해서 3판을 낼 수 있게 해 준 많은 독자들에게 우선 감사의 인사를 드린다. 또한 편집자 낸 바버와 오라일리 직원들, 기술 리뷰 팀(저스틴 카리미, 빌 리커, 댄 리터), 심프레스(Cimpress) 의 제이 모란, 마지막으로 내 사랑하는 가족 리사와 소피아에게도 감 사의 마음을 전한다.

찾아보기